U0828694

中国山水

CONTENTS 目录

24

水景
WATER VIEWS

特别策划
SPECIAL TOPICS

交流
EXCHANGE

CONTENTS 目录

品鉴
TASTING

前言

水作为生命之源，与人的生活息息相关，与人类历史文化也有不解之缘。滔滔的尼罗河哺育了古埃及文明，幼发拉底河见证了巴比伦王国的荣辱兴衰，地中海成就了古希腊和古罗马文化，滚滚东流的黄河与长江则孕育了博大精深的华夏文明……

道家、儒家思想作为中国传统思想的中流砥柱，对水也有深及骨髓的偏爱。老子在《道德经》中说，“上善若水，水利万物而不争”，把水视为至善之德的象征；孔子则在《论语》中说，“智者乐水，仁者乐山”，将水与中华民族深层智慧紧密联系起来。

可以说，水启迪了“智者”的智慧，为他们提供了丰富的文化源泉，中国“水文化”的源流才历数千年而生生不息。也正因为如此，水利风景区的建设才更应该注重文化表达，文化雨露润泽下的水景才能保持历久不衰的生命力；如果离开了文化源流，只堆砌一些娱乐化的缺乏文化根基的苍白景观，就必然流于浅薄。

2006年3月22日世界水日的主题为“水与文化”，联合国教科文组织总干事松浦晃一郎在水日庆祝大会上说：“水不仅仅是一件商品，自人类之初，水就一直给予我们灵感，丰富我们的精神、物质、智慧和情感生活。人们日益认识到，要了解和保护水资源，就必须了解影响自然系统和与其发生相互作用的人类文化。”

2014年在北京召开的APEC会议上，习近平主席在讲话中特意指出，“水在中国文化中具有重要的象征意义”，“最高境界的善行就像水一样涓涓细流，泽被万物”。

“流水无弦万古琴。”在历史的长河中，上善若水的中国精神流淌不息，回响着厚德载物的中国声音。

从雾气氤氲的海南，到冰雪覆盖的北国；从风沙肆虐的大漠，到秀丽湿润的海滨……中华民族传统文明和丰富多彩的地域性文化在不同的水文环境中得以渗透和彰显，成为水利景区建设的“灵魂”。游人身处其间，在愉悦身心的同时，更能获得来自传统文化的深层次的滋养。

一种文明的延续，离不开追根溯源，更需要一代代人的付出使之发扬光大；一种文化的传承，需要全社会的重视、支持与参与。“水文化”之花已经在中国水利景区的发展中萌芽和成长，其顽强的生命力与蓬勃的发展势头已经预示了她美好的发展前景。相信，只要在充分论证的基础上具备了足够的开发力度和源源不断的投入，她必将在世界旅游大家庭里更加灿烂地开放！

编 者

2019年9月

第十八批国家水利风景区（二）

四川省凉山安宁湖国家水利风景区以雄壮的水利工程、动人的红色记忆和亮丽的湖光山色，成为人们向往的乐土。

精鋼公司

美丽河湖系列丛书

中国山水 1902

《中国山水》编委会
水利部综合事业局
水利部水利风景区建设与管理领导小组办公室 编

中国社会出版社
国家一级出版社 · 全国百佳图书出版单位

美丽河湖系列丛书
中国山水 1902
《中国山水》编委会
中国社会出版社

图书在版编目（CIP）数据

中国山水．1902 /《中国山水》编委会，水利部综合事业局，水利部水利风景区建设与管理领导小组办公室编．
北京：中国社会出版社，2019.11
（美丽河湖系列丛书）
ISBN 978-7-5087-6254-8

Ⅰ．①中… Ⅱ．①中… ②水… ③水… Ⅲ．①水利建设－风景区－介绍－中国
Ⅳ．①K928.4

中国版本图书馆 CIP 数据核字 (2019) 第 268930 号

丛 书 名：美丽河湖
书　　名：中国山水 1902
编　　者：《中国山水》编委会　水利部综合事业局
水利部水利风景区建设与管理领导小组办公室

出 版 人：浦善新
终 审 人：尤永弘
责任编辑：魏光洁
特约编辑：高于萍

出版发行：中国社会出版社　**邮政编码**：100032
通联方式：北京市西城区二龙路甲 33 号
电　　话：编辑部：（010） 58124851
邮购部：（010） 58124848
销售部：（010） 58124845
传　真：（010） 58124856
网　　址：www.shcbs.com.cn
shcbs.mca.gov.cn
经　　销：各地新华书店

中国社会出版社天猫旗舰店

印刷装订：北京博海升彩色印刷有限公司
开　　本：210mm ×275mm　1/16
印　　张：8.75
字　　数：200 千字
版　　次：2019 年 12 月第 1 版
印　　次：2019 年 12 月第 1 次印刷
定　　价：46.00 元

中国社会出版社微信公众号

广东省佛山乐从国家水利风景区是集观光游览、休闲度假、文化体验于一体的城市河湖型水利风景区。它以乐从镇岭南水乡为核心主体，以水域风光、城市景观、田园景观为主要景观，坐拥20余处融自然与人文于一体的重点风景资源。

文化内涵是水景的灵魂

山西省长治后湾水库国家水利风景区

“北方西湖”的文化体验

自古有言:“得上党者可望得中原。”这体现了上党地区战略位置的重要性。

山西长治襄垣县，位于上党盆地半山丘陵地区，太行山与太岳山分左右而居，是华北地区为数不多的富水区之一，也是通衢三晋的战略要地。风景秀美、人文资源丰厚的山西省长治后湾水库国家水利风景区就坐落在这里。

后湾水库国家水利风景区依托后湾水库工程而建，面积52.52平方千米，是“百里漳河文化旅游长廊”的重要组成部分。景区以后湾水库湖面为核心，呈放射状将库区滨水空间、生态绿地、自然景观和人文景点穿珠成线，好似一条翡翠项链镶嵌在上党大地上，因之它有了“北方西湖”的美誉。

风景秀美的“北方西湖”

山有山的巍峨，水有水的灵动，后湾水库是粗犷与秀美的结合。徜徉于湖岸长堤，看烟波浩渺，云起泽国，感受“北方西湖”的万顷碧波与水天一色；置身于湖汉湿地，芦苇繁盛，蒲草丛生，尽享大自然的清幽与静谧。湖中岛屿、半岛、港湾相映成趣，四周群山拥合，波光山影，相依相融。

后湾水库的风雪晴雨各有不同。雨中的“鱼群雀跃”“泼墨山水”，雾中的“芦苇絮语”“后湾锁雾”，雪中的“山舞银蛇”“银镜生辉”，以及朝晖晚霞中的“彩虹飞架”“渔歌唱晚”等奇观，无不令人叹为观止。一日间湖光山色变幻不止，时而晴光潋滟，

时而雨色空蒙，让人分不清是山载湖还是湖载山，构成了一幅幅变化万千的山水画卷。

仰看云中雁，俯观池底鱼，鸥鹭跃于水，禽鸟亦有形。在滩涂、湿地、小岛和山林中，栖息着丹顶鹤、天鹅、野鸭、大雁等国家重点保护动物。

“通衢三晋”的文化记忆

后湾水库大坝，雄伟壮观，是山西省综合效益较好的典型水库工程。自从1959年修建至今，历经时代变换，经过多次除险加固，从建设、开发、管理、保护等方面，反映了不同时期水利事业发展和变迁的脉络，可以称得上是一座水利发展博物馆，具有很高的文化和科普价值。

景区范围内历史悠久的宝峰古寺，神圣质朴的麻衣洞，东晋高僧法显的潜心问道，传承着天人合一的“和合文化”；茶马古道的节点，丝绸之路的驿站，铜鞮文庙的遗址，承载着通衢三晋的虒亭记忆；上党战役土落截击战的烽火硝烟，朱德、刘少奇、彭德怀等老一辈无产阶级革命家的光辉足迹，述说着上党英雄的壮烈史诗……这些文化资源与后湾水库的建设历程、浊漳源头的治水用水历史，一同构成了景区鲜明的文化脉络。

推重文化体验的规划设计

后湾水库国家水利风景区以打造襄垣健康休闲全域旅游目的地为目标，以“水文化科普、禅文化交流、民俗文化体验”为主题，以“赏后湾湖景，寻显宗禅林，听鼓书传史，梦古道驼铃”为品牌形象，规划提出“一心、两带、四板块、多动线”的总体规划格局。

“一心”即水库核心区。依托水库湖面和工程管理区，在保护水资源、维护水利工程前提下，适度建设文化展示、科普教育设施，开展类型多样的科普宣传活动，普及水利知识、弘扬水文化、传播水生态文明理念。

“两带”即左岸古驿道文化风情带和右岸慢生活休闲体验带。以虒亭驿站文化、宝峰和合文化、上党红色文化为依托，构建古驿道文化风情带，吟唱出一首上党盆地沧桑演变的雄壮诗篇。

“四板块”即水利工程科普宣教、虒亭记忆文化探秘、襄垣民俗风情博览和湿地休闲养生板块。各板块各自发挥资源特点和服务功能，重点建设后湾水文化科普园、古道驿居、民俗体验公社、湿地自然教育营地等项目。

“多动线”即依据规划总体布局，串联景区生态、文化、休闲旅游产品，构建诠释三大主题的多样化游览线路，发挥科普教育、健康养生、休闲体验功能。

后 湾 水 库

宝邸山庄

江苏省泰州千垛国家水利风景区

田无一垛不黄花

江苏泰州兴化市位于江淮之间里下河地区腹地，境内土地肥沃，河流纵横，素有鱼米之乡的美称。

在兴化的垛田、缸顾等乡镇分布着一种独特的原始地貌——垛田。江苏省泰州千垛国家水利风景区就坐落在这里。

“河有万湾多碧水，田无一垛不黄花。”这充满灵性的天下奇观，凝聚了中国传统农耕文化的智慧，展示着人与自然和谐共生的独特魅力。

楚水之地的治水历史

兴化古称昭阳，又名楚水，为楚将昭阳食邑，早在 4000 多年前就有先民在此晨昏耕作，渔歌唱晚。

作为里下河地区的锅底洼，兴化饱受洪涝之苦。据志书记载，自北宋徽宗政和六年 (1116 年) 至民国 35 年 (1946 年) 的 800 余年间，兴化发生较大水旱灾害 223 次。“治国先治水，有土才有邦”，历朝历代都把治水作为兴邦的根本所在。

唐朝李承主修“常丰堰”，作为兴化有历史记载以来最早的大规模水利工程，首开兴化筑堤御卤防止海水倒灌的先例；宋范仲淹任兴化知县，历经六年修筑捍海堰，长数百里；清魏源为兴化一方治水鞠躬尽瘁，尽忠尽职；黄万顷、詹士龙、刘廷瓒、胡顺华、欧阳东风等一大批先辈，在兴化水利史上都有所建树，留名史册。

新中国成立后，兴化人民坚持不懈大干水利，成功抗御了多次洪涝和干旱灾害，保障了兴化社会经济的发展，兴化水利一次次贡献出非凡智慧和卓越创造。

兴化垛田中的民族智慧

江淮海三水造就了兴化，而兴化垛田是兴化最为古老、范围最广、规模最大、最为宝贵的水利文化遗产。

垛田因湖荡沼泽而生，是高低错落的水中土丘；面积不大，大小不等，形态各异；四周环水，各不相连，形同海上小岛。

垛田，是华夏民族智慧的结晶。《大不列颠百科全书》中有记载：中国东南平原有垛田，具体情况不详。

这块秘密的垛田地貌，大致经历了海湾、潟湖、湖沼、水网平原的变化。范仲淹曾在此出任兴化知县，修建“范公堤”，为沼泽变陆地提供了条件；岳飞抗金时，在此安营扎寨，在荒滩上垒起无数土墩；后来，苏州、昆山等江南几十万人口被迁入兴化地区，在这里垒土成垛，垛上耕种，用最为原始的农田水利，造就了兴化大面积的不怕涝不怕旱的垛田。

千垛国家水利风景区位于兴化市缸顾乡东旺圩区内，圩区总面积6.36平方千米。如今，“千垛菜花”作为江苏特有的生态旅游资源入选中国馆展览项目。兴化菜花旅游节自2009年举办第一届以来，历经8年接力打造，已经成为享誉全国的旅游节庆活动。

“兴化垛田”于2014年4月被联合国粮农组织正式评定为全球重要农业文化遗产。

“梦里水乡”的寻梦之旅

“乌纱掷去不为官，囊橐萧萧两袖寒。写取一枝清瘦竹，秋风江上作渔竿。”扬州八怪郑板桥、古典小说之父施耐庵、治堰名臣范仲淹都与这里结下了不解之缘。一串大闸蟹 ，一盘大青虾，一碗龙香芋，一壶板桥浊酒，一曲茅山号子，一艘竹泓小木船，一路指引你走进都市人梦寐以求的“梦里水乡”——兴化垛田。独特的人文与水韵造就了这里别具一格的水文化。

水因垛而美丽，垛因水而生情，千垛菜花因水、垛、花相连而别具特色。春天油菜花开，遍地金黄，一望无际；夏有万亩荷塘，映日荷花别样红；秋天，坐着船到垛田，经过盛开的万寿菊，感受薰衣草的紫色花海，赏菊品蟹，颐养身心；冬天芦苇花开，轻盈曼妙，如一幅幅写意水墨画，韵味独具。

菜花田里的脚踏水车，也是一道优美的风景。这种用于灌溉的农具，现在已演变成集观赏、娱乐和运动为一体的游乐车。

流连于景区，撑一支长篙，可以在金色的花海里寻梦，抑或是登上观光塔，尽览船在水中行、人在花中游的绚丽美景。

浙江省嘉兴海盐鱼鳞海塘国家水利风景区

滨海古县 醉美海塘

这里，因“海滨广斥，盐田相望”而得名，因“大气如海，淳朴似盐”而盛名。这里，就是海盐，一座置县于秦王政二十五年的千年古县。

以“鱼米之乡、丝绸之府、礼仪之邦、旅游之地、核电之城”而著称的海盐，是马家浜文化、崧泽文化和良渚文化的发祥地之一，历史上曾四徙县治、六析其境，拥有6000余年的文明史和2200多年的建县史，是“千年聚落、千年盐都、千年海塘、千年港埠”。

如今的海盐，是国家级生态县城、国家级园林县城、国家卫生县城、中国最佳绿色发展县、省级示范文明县城……一项项殊荣让新海盐熠熠生辉。

浙江省嘉兴海盐鱼鳞海塘国家水利风景区就坐落在这里。

“捍海长城”的前世今生

海盐，拥有一线海塘39.4千米，是浙北唯一县城在海边的城市，鱼鳞海塘风景区管理机构所在地武原街道距海塘不足半里。

钱塘江“南岸加积，北岸侵蚀”，自古以来，海盐潮患不断，因此而“四徙县治”。自秦代开始，为应对潮患的突袭，海盐开始修建堪称“捍海长城”的各种堤塘：土塘、竹笼塘、木桩塘、柴塘、陂陀塘，并不断地改造进化。

明初，海盐筑塘成了浙江修防重点。嘉靖年间浙江水利佥事黄光升在此首创五纵五横鱼鳞石塘，塘体结构和施工技术开创了鱼鳞海塘的先河，是我国古代海塘工程建筑技术上的一项突破，与长城、大运河并称为我国古代最著名的三大土木工程。为纪念这位杰出的古代水利科学家，海盐人民为其塑像，以示崇仰，“黄光升纪念雕像”现矗立在观海园内，供后人瞻仰。

海盐境内有鱼鳞塘3300米，五纵五横，垒砌17层，高7米，宽3米，南接海宁，北连平湖，历代多次增筑。清名臣林则徐曾在此筑样板塘，是中国海塘工程的重要示范地段。现保留至今的明清海塘有8000米。虽经历了460多年的惊涛骇浪，至今仍发挥作用。新中国成立后，又修筑了高标准海塘。

海盐鱼鳞海塘国家水利风景区规划面积3.3平方千米，水域面积 0.46

平方千米，景区内一线海塘长5.728千米，属于城市河湖型水利风景区。该景区是滨海新城的重要组成部分，海盐滨海新城作为被住建部批准的浙江省唯一国家级绿色生态示范城区，正以“滨海、水乡、生态、宜居”向人们展现它迷人的风姿，鱼鳞海塘水利风景区的创建，无疑会为其增添一抹更加亮丽的色彩。

开发建设突出文化要素

鱼鳞海塘水利风景区风景秀丽，资源丰富。河道、林地、桥梁、水岸坡道、海塘、房屋等因素构成了丰富的立体空间。

悠久的历史积淀了深厚的文化底蕴。海盐拥有鱼鳞海塘、绮园、天宁寺等众多文化遗存，创造了海盐腔、滚灯等极富地方特色的文化艺术，孕育了张元济、张乐平、步鑫生、余华等一大批贤能才俊。嘉兴海盐鱼鳞海塘国家水利风景区的建设，则熔铸了众多厚重的海盐文化要素。

景区内有展示古海塘科技文化、塘工造海塘等海塘文化的海塘文化公园，有展现海盐盐田文化、水运文化以及与海和倭寇抗争等历史文化的海滨公园，有绿树成荫、林草覆盖率高、融入了生态河道治理理念的白洋河，有明代水利科学家黄光升首创的鱼鳞石塘和高大雄伟的现代海塘，有历经沧桑岁月的靖海门，有看海听涛的潮音阁，有高山流水遇知音的凄婉动人的传说故事，有中国明代四大声腔之一的“海盐腔”、国家级非物质文化遗产“海盐滚灯”、流传于神州大地千百年的海盐劳动文化精华“塘工号子”等民俗文化，有被当代著名古建筑专家陈从周誉为“此园浙中数第一”的

清代私家园林——绮园，有被中国美术家协会漫画艺术委员会授予“全国少儿漫画基地”的“三毛之父”张乐平纪念馆，有纪念中国近代杰出出版家、教育家和爱国实业家张元济的张元济纪念馆，有以展示海盐历史文化为主体的地区性综合类博物馆——海盐博物馆。

景区周边则集聚着国家 4A 级旅游景区——南北湖风景名胜区，以及投资额超 300 亿元的浙江山水六旗国际度假区。

资源整合熔铸文化基因

“问渠那得清如许，为有源头活水来”。一直以来，海盐高度重视生态环境保护和治理工作。特别是近些年来，海盐大力开展“三改一拆”“五水共治”“五气共治”“一绿、二清、三整、四提升”集中攻坚大会战等行动，城乡面貌得到极大改善，荣获 2015 年度全省治水最高奖项“大禹鼎”，空气质量优良率始终位列嘉兴市前列。

鱼鳞海塘国家水利风景区的创建遵循“整合与开发并重，优化与创新同步”的开发方针，以“生态修复，人水和谐”为创建主题，整合水利工程、河道、滨海古镇与历史文化遗迹等各类资源，争创集生态游憩、休闲度假、科普教育于一体的特色水利风景区。

近年来，海盐共投入 15 亿元用于景区的开发与建设。加强景区内临江防洪古海塘的保护研究、加固及标准化管理。海盐敕海庙段海塘于 2017 年 1 月被列为第七批省级文物保护单位。对绮园周边区域进行综合开发，建成了“一园三馆”的 4A 级景区。加强海塘沿线环境建设，昔日的垃圾山，如今成了人们观海、赏月、闻涛、纳凉的观海园；昔日的农药厂、化工厂厂区，成了这里功能最齐全的海滨公园；昔日泛滥着两条“黄河”的工业污染重灾区成了如今绿草如茵、水体清澈的白洋河湿地。

根据规划，鱼鳞海塘水利风景区以“一带一廊二区一园多点”作为整体布局，以鱼鳞海塘和现代海塘为骨架，以海塘文化为依托，以人水和谐为理念，以江南滨海治水为亮点，打造集休闲、旅游、科普以及水文化挖掘和保护于一体的综合性水利风景区。

福建省宁德霍童国家水利风景区

流传千年的霍童古风

霍童溪是一条古典的河，仿佛从《诗经》里走来。六都、七都、八都、九都，这样的乡村排名，让人很自然地就想起古代的行政建制。云气、扶摇、溪池这些念起来就不免与庄子《逍遥游》相联系的村子，也应该是文风炽盛、雅气云集之所。

福建省宁德霍童国家水利风景区位于福建省宁德市蕉城区的西北部，处于霍童溪干流河段。景区包括霍童溪流域霍童段及防洪工程、黄鞠水利工程。

霍童国家水利风景区将风光秀丽的山水景观、底蕴浓厚的人文景观及意义深远的工程景观有机串联起来，形成了文化底蕴深厚的自然河湖型水利风景区。

深林中的“霍童洞天”

霍童水利风景区拥有清新隽永的自然生态景观。景区内的霍童溪是福建省的第七条大溪河，是全省12条主要河流中水质保持较好的一条。

霍童溪自西向东贯穿整个景区，溪水常年清澈，碧水微澜，水流潺潺，奔流不息，丰富而秀丽的自然景观林立两岸，犹如一幅延绵的山水画卷。上游的外表溪，岸边滩涂众多，风轻水碧，沿着水路慢慢行进，感受周围群山连绵，欣赏两岸茶畦拥翠。在其支流上，三涧溪流经双仙谷，山谷上瀑布飞流直下，气势磅礴，让人心潮澎湃。

景区内山林植被茂盛，生态系统完整。邑坂古村至今保存着完好的次原始森林，林中古木遍布，鸟叫不绝于耳，珍稀树木多达百种，最高树龄达1400年。利用这片原始森林，邑坂人开发出“洞天·本草园”。在本草园陈列馆内，摆放着来自这片土地的黄精、灵芝等上百种珍贵的药材。

景区内山势连成一体，浑圆连绵，凹凸跌宕，霍童山、睡美人、老君岩、双鲤朝天、狮子峰等山峰栩栩如生。

霍童山原名霍山，因西周霍桐真人在此修炼而得名，唐天宝六年（747年）册封天下名山时，将霍童山敕封为“霍童洞天”，列为“三十六洞天”之首。霍童山深邃藏秘，道观庙宇隐现林间，南北朝时就有规模壮观的道教宫观——鹤林宫，是福建第一座道观，被誉为中国南方道教的发祥地。

开凿千年的黄鞠灌溉

景区内至今保留着水利奇观——黄鞠灌溉工程遗址。黄鞠灌溉工程由中国隧道水利工程的先行者——隋朝谏议大夫黄鞠主持兴建，始建于公元7世纪初，至今已有1400多年的历史，是迄今发现的系统最完备、技术水平最高的隋代灌溉工程遗址，也是全国最早修建的隧洞引水工程之一。

1400多年前，黄鞠率众在霍童溪沿岸谷地上劈山凿洞，引溪水灌溉良田千余顷。黄鞠灌溉工程由右岸龙腰渠及左岸琵琶洞渠两个灌溉工程系统组成，共长十余千米，灌溉面积两万余亩，具有农业灌溉、生活供水、水力加工等综合功能。龙腰渠设计构思巧妙，全长1765米，渠宽1.51—2.72米、高0.95—3米，整个龙腰渠系形成一套精密完备的供水系统。琵琶洞至今尚存77米，洞高2.41米，宽1米左右。

开凿千年，分荫万畦。黄鞠渠建成以来，闽东地区农业生产力大步向前，对当地的经济文化和社会发展产生了重大而深远的影响，至今仍发挥着效用。其工程技术之先进，效益之显著，令世人叹为观止。

在2017年10月墨西哥城召开的第23届国际灌排大会上，黄鞠灌溉工程正式入选世界灌溉工程遗产名录。这一工程为当代和后代留下了中国灌溉文明的历史见证。

历史文化名镇——霍童古镇

霍童溪孕育了景区源远流长的人文景观，其两岸古遗址、古民居、古村落、古寺庙众多，都在诉说着霍童古镇的故事。

“中国历史文化名镇”霍童古镇至今保留着长达1700米的明清古街，64座保存完好的明清古民居集中成片。街巷间，高墙青瓦，明清时代的商贸风格犹存，昔时繁华依稀可见。

霍童溪两岸的石桥、邑坂、兴贤、外表、桃坑、溪南等古村落因水而兴，其选址、规划、布局、用材、建筑乃至审美，浸染着“天人合一”“归隐林泉”的道家、儒家哲学思想。

石桥村的黄鞠故里园是后人为纪念黄鞠而专门修建的。穿过庄严的石碑坊，便可看见庄重典雅的龙首堂和历经沧桑的千年古樟，龙首堂双层飞檐翘角的屋顶架设在方砖砌成的围墙上，错落有致的斗拱格外古朴端庄。对联“洞天石桥最早，霍地龙首居先”是对黄鞠功绩的概括。古建筑和千年古樟一同向世人展示着黄鞠不朽的精神和历史功绩。

除此之外，景区内拥有众多民俗文化遗存。霍童人民为纪念先祖和缅怀黄鞠的功绩，每年举行“二月二”灯会，届时村民各自献艺，各种花灯琳琅满目，铁枝、纸扎、高跷、线狮等节目经过不断演进，形成了独特的民间文化盛会。其中，传承千年的霍童线狮被称为中华绝活，表演者通过丝线控制狮子的动作和表情，完成一系列精彩绝伦的表演。该遗产被列入第一批国家级非物质文化遗产名录，霍童“二月二”灯会民俗活动被列入福建省第二批省级非物质文化遗产名录。

在文化的传承中焕发新生

霍童镇依托国家水利风景区的建设，先后开发了霍童溪生态摄影基地、外表小桂林、百步双仙谷、洞天本草园、邑坂原始森林、黄鞠故里、黄鞠灌溉工程遗址等景点，先后荣膺中国十大最具影响力旅游名镇、中国历史文化名镇、中国民间文化艺术之乡、国家级生态名镇等荣誉称号，同时是国家3A级旅游景区。

景区将进一步建设国际山地自行车竞训基地、霍童线狮博览园等项目，通过项目实施、活动举办，有效整合水利科普展示、生态农业观光、古镇文化体验、宗教朝圣等资源，形成霍童生态旅游的特色品牌。

千年古镇，古韵悠悠；千年水利，泽被良田。霍童国家水利风景区将在历史的沉淀中重现活力，在文化的传承中焕发新生。

江西省抚州大觉山国家水利风景区

“世外桃源”大觉山

大觉者，在佛教为政觉，指彻底觉悟宇宙人生真理的佛。神山圣水，觉者天堂，这里，就是江西省抚州大觉山国家水利风景区。

大觉山位于江西省东部武夷山西部，海拔 1364 米，总面积 204 平方千米，森林覆盖率 97.43%，空气离子富氧含量 3 万个 / 立方厘米，被誉为全国罕见的动植物基因库。

近年来，景区以“最美的大觉山，智者的养生福地，觉者的度假家园”为建设目标，高标准建设了大觉山的生态旅游资源，打造了一个“离都市最近、离喧嚣最远”的“世外桃源”。同时，景区充分挖掘了大觉山的文化资源，将厚重的文化要素与景区发展相融合，使游人在欣赏山水美景的同时，获得丰富的文化体验。

宗教圣地大觉岩寺

大觉山因大觉岩寺庙而得名。寺庙始建于东晋咸和元年（326 年），至唐朝贞观年间，杭州灵隐寺的大觉禅师某某云游至此，认为这里“朝夕有佛光祥瑞之兆，乃藏锋聚气之宝地”，遂在此修身弘法。后人为纪念他，将此地寺庙命名为大觉岩寺。

大觉岩寺坐落在武夷山脉西麓的莲花山上，是闽赣两省的交界处，为大觉山中心景区之一，核心区域面积 1.8 万亩，被称为佛、道、儒三教合一的宗教朝拜圣地，驰名中外。

大觉岩寺是观音菩萨的道场。太平天国时期太平军的余部曾驻扎在此地。光绪年间重建。新中国成立初期，该寺一度成为土匪巢穴，在剿匪中被毁。1984 年，政府应佛教信徒的要求，决定开放大觉岩寺为佛教活动点。1985 年对大觉岩寺进行修缮，建造禅台、客厅、厨房，塑造佛像 3 尊，成为资溪地方佛教活动的中心。每逢观音诞辰、出家、成仙三个日子，信徒络绎不绝，登寺朝拜，以六月十九日最为盛。

相传大佛山的神灵为感恩百姓世代敬仰，以山为体，草木为衣，化作大觉者，手托九天灵符，身坐莲花流云，来到民间普济众生。传说，这莲花就是玉帝送给大觉者东行大觉寺的流云坐骑，大觉者东行至大佛山后，其物依地而化为“九天八地”之圣泉。大觉者是大觉山一道奇特的宗教文化景观。

莲花山有众多富有传奇色彩的景点，如清澈的“聪明泉”、耸立的“双烛峰”、威武的将军石、神秘的“宝塔”、幽静的“神仙读书洞”、挺拔的“逍遥峰”，以及“龙床洞”“水帘洞”“神女石”“不老松”“神龟问天”“双乳峰”等，多达50余处。

大觉岩寺现内设大雄宝殿、观音殿、地藏王殿、祖师殿四大殿以及禅室、厢房，可供僧尼诵经念佛。殿内塑造各种佛像48尊，现已设有观音堂、佛堂、休息堂，还建有不用瓦盖的花木头两层结构楼房20余间。岩前用石块砌有4米多高的围墙和大山门。寺庙内有斋堂，这不但是寺内僧尼用餐处，同时也可为来寺庙朝拜和观光的游客提供食宿。

大觉山古镇的“宋代繁华”

大觉岩寺声名远播，信众络绎不绝，来时多半在山腰歇脚，久而久之，便有了大觉山古镇。千百年来，村里的居民耳濡目染，养成耕读传家、乐善好施的好传统。

大觉山镇影视拍摄基地，是大觉山景区投资5000万元打造的一个养老、养生、影视拍摄、休闲度假基地，总占地面积16800亩，选定在景区的官驿站和大美亭的河两岸，是结合山区地形、地貌打造的一个山水交融的宋朝古镇。由姚刚、曹颖主演的《天仙配后传》在此拍摄杀青。

古镇地处神奇、神秘的原始森林，建有一河三街六巷、董永家宅、恶霸吴冲天吴府、令世人逍遥快活的赏春院等。按照宋代风格复建了两座吊桥、一座东望楼、两座镇门、一座神殿，一个市集广场、一个衙门以及商店、包子铺、茶楼、集市、客栈等设施，再现了宋代的市井繁华。

古镇整体建筑采用仿宋风格，沿街两面全是1—2层的仿古建筑，建筑墙体采用立砖砌成，檐椽、飞椽、望板均用老杉木制作，呈栗壳色。游客来到这里，可以真切地体验宋代的风土人情和生活习俗。

“文化搭台”的大觉山旅游

抚州大觉山国家水利风景区是江西省内目前规模最大的精品旅游区，它把中国传奇文化、道教养生文化、休闲度假文化和绿色生态、体验探险完美结合起来，是游客喜爱的“江西新赣鄱十景”“中国十佳休闲旅游景区”“最佳国际休闲旅游名山”，也是国家5A级旅游景区，曾荣获“江西省最佳旅游创意奖”。

景区获批国家级水利风景区，可谓实至名归。

大觉山在发展生态旅游的同时，不断加大对景区周边绿色餐饮、绿色度假、绿色农副产品以及养生度假的投入力度，使景区从最早单一的观光旅游上升到集森林公园、购物休闲区、漂流探险区、古镇影视文化区、大觉宗教文化区、水科普游赏区等诸多文化元素于一体的综合性生态旅游工程。

“传奇文化”体验区最大特色在于寓教于景，引人向善，通过情境式、故事式的旅游体验，让人们真切感受生活中“仁”“义”“善”“孝”等哲学智慧，引导人们热爱生活，关心朋友，忠于家庭，孝顺父母。景区还开发了许多诸如南天门、梦幻天宫、梦幻走廊等互动体验旅游项目，不仅让人耳目一新，而且具有很强的吸引力和震撼力。

另外，景区的开发者主动将景区的生态建设与区域内的经济发展对接起来，将景区与抚州其他有灵性的、秀美的线路和景点联系在一起。比如把临川文化旅游和大觉山的智慧养生旅游结合在一起，把抚州的傩文化旅游和大觉山的宗教体验旅游结合在一起，把抚州的民俗文化旅游和大觉山镇的影视文化旅游结合在一起，等等，让大觉山承担了宣传抚州文化的责任。

贵州省遵义茅台渡国家水利风景区

酒香四溢茅台渡

美丽的赤水河在我国西南的崇山峻岭间蜿蜒穿梭，奔流东去；巍峨的大娄山静静矗立在赤水河畔，佑护着这绿色生态家园；神秘的茅台渡在赤水河阅尽千帆，听那奔腾的川流诉说过往历史。

贵州省遵义茅台渡国家水利风景区是以茅台渡为文化线索、以茅台酒镇为核心、以赤水河仁怀段为纽带，串联沿岸水利、文化、村镇、交通、园区等资源形成的城市河湖型水利风景区。

景区地处贵州省西北部，背靠历史名城遵义，隶属仁怀。作为赤水至茅台黄金旅游走廊的核心段、黔渝红色旅游线上的重要节点，是黔北经济区与川南经济区的连接点，是红军长征“四渡赤水”中“第三渡”的渡口，更是驰名中外的“国酒茅台”的故乡。

中国白酒的母亲河——赤水河

茅台渡以盐运而发迹，以茅台酒而兴盛，以红军四渡赤水而闻名。千百年来盐运文化、酒文化、民族文化在这里沉积发酵，特别是红色文化更是为这里留下了众多故事，是令人沉醉的文化资源。

赤水河为长江上游支流，古称安乐水，因河流含沙量高、水色赤黄而得名，汉代被人们称为“大涉水”，是中国白酒的母亲河。每年的农历九月初九，茅台镇的酱香白酒生产者，都会通过隆重而神秘的祭水仪式，表达对自然、对神灵、对先祖的感恩和崇拜。兼具雄伟、神奇、美丽、险峻特色的赤水河集灵泉于一身，汇秀水而东下，河上滩滩相持，湍急异常，两岸崇山峻岭，竹木青翠，更有天之灵、地之气、水之魂、人之本，赞誉遍五洲。

谱写了赤水河文化灿烂篇章的盐运，自清代开通赤水河道，四川在贵州边境开设四大口岸，贵州省三分之二的食盐由此运往各地。至今赤水河沿岸的许多码头、渡口，盐仓遗迹尚存，成为赤水河航运史和盐运史的见证，吴公岩渡口是当年盐夫必经之地，每日数千人争相过渡，通往河底的石级全部在整块的岩石上凿出。消失在赤水河畔的纤夫道，经过百余年的风雨侵蚀，石灰岩的石级远远看去，白花花的发亮，有的旅游者称之为“雪梯”。

在赤水河南岸吴公岩上，铭刻着著名书法家邵华泽书写的“美酒河”三个气势恢宏的巨字，是当今世界摩崖石刻之最。石刻之下，还筑有世界最长的石刻龙建筑群。

铭记历史
——“四渡赤水”纪念园

1935年中国工农红军战略转移，毛泽东指挥了著名的四渡赤水战役。这里是红军三渡赤水之地，它是一次具有战略意义的全军大佯攻，是红军长征史上光辉的一页。

“四渡赤水”纪念园由四渡赤水浮雕墙、展览陈列馆、纪念塔和渡口纪念碑组成，是全国红色旅游重点景区，贵州省爱国主义教育基地。

为弘扬红军长征精神，启迪后世子孙，仁怀市建造了红军四渡赤水纪念塔。纪念塔总高25米，塔身由4根巨大的浪形柱依次错位重叠构成，塔座为木船造型，寓意着中国人民的革命事业乘风破浪。时任总书记江泽民题写的“红军四渡赤水纪念塔”九个鎏金大字，镶嵌于塔座之上，熠熠生辉。纪念塔一侧的渡口纪念碑，正中为“茅台渡口”四个大字，由著名书法家陈恒安手书。

1998年，贵州省划定仁怀为革命老区。2006年，作为红军四渡赤水战役旧址的重要组成部分，纪念塔和渡口纪念碑被国务院公布为第六批全国重点文物保护单位。

酒文化之集大成者
——茅台酒镇

娄山之麓，赤水之滨，茅台人家，灯火灿烂。茅台酒镇依山傍水，宁静而祥和。河的东岸是宽窄相接的街道和鳞次栉比的黔北民居，清一色的小青瓦、坡屋面、白粉墙、雕花窗，透着浓浓的民俗色彩。西岸则是成片的酿酒厂房和商业街道，吆喝声、音乐声此起彼伏，热闹非凡。

近年来，茅台酒镇按照“贵州第一、全国一流、世界知名”的战略地位和“国酒之心、神秘茅台”的城镇定位，着力建设特色酒文化旅游目的地，并于2017年成功创建为国家4A级旅游景区。

茅台股份公司制酒一车间，也称“茅酒之源”，包括酒之源泉——杨柳湾千年古井、茅台酒厂前身——成义烧房、荣和烧房和恒兴烧房的旧址及其踩曲仓旧址和干曲仓旧址、二片区制曲石磨坊旧址、发酵仓旧址、一片区发酵仓旧址。2013年，“茅酒之源”以茅台酒酿工业遗产群列入第七批全国重点文物保护单位名单。

中国酒文化城系茅台集团于1993年到1997年投资建成的目前国内规模最大的酒文化城，城内有酒源馆、酒技馆、酒韵馆、酒俗馆、酒器馆、国酒茅台馆、现代馆、茅台－名酒世界馆八个展馆，系统介绍了酒的起源、酿造技术、民族风俗、酒器的演变及茅台酒的发展历程、独特工艺。中国酒文化城在1999年被评为上海大世界吉尼斯之最，2002年被列入省传统教育基地，2014年被认定为国家4A级旅游景区。

酒文化的拓展延伸
——演绎与纪念

茅台天酿景区地处西山公园山顶上，与茅台酒厂隔河相望，占地面积7.6万平方米，总建筑面积2.2万平方米，分为演艺剧场、灯光索道和观景平台，是全球首个大型新媒体空间体验秀《天酿》剧目演艺场所。

景区从千年酒镇茅台镇中提取文化精粹，通过天遇、天启、天问、天宴几个篇章讲述了酱酒酿造师“酉酉”一生的追求，演绎茅台国酒文化的历史变迁和悠久的酱香酒文化，是游客了解国酒文化的重要窗口。

酱酒文化纪念馆内主要建筑有宋代无名窖酒池、祭水台、曹氏酒馆、陈列馆等，通过数百件实物对中国酱酒文化进行了全方位探讨。酱酒文化纪念馆与“鹅卵石装饰面积最大的酒厂”“世界最大的无砖外墙原生态环保酒厂”——贵州酒中酒集团古镇酒业建筑群融为一体，交相辉映，被列为贵州省第一批重点工业旅游点，是国家4A级旅游景区。

茅酒古窖
PLEASE STOP WALKING

美酒河

陕西省西安曲江池·大唐芙蓉园国家水利风景区：

皇家园林 大唐气象

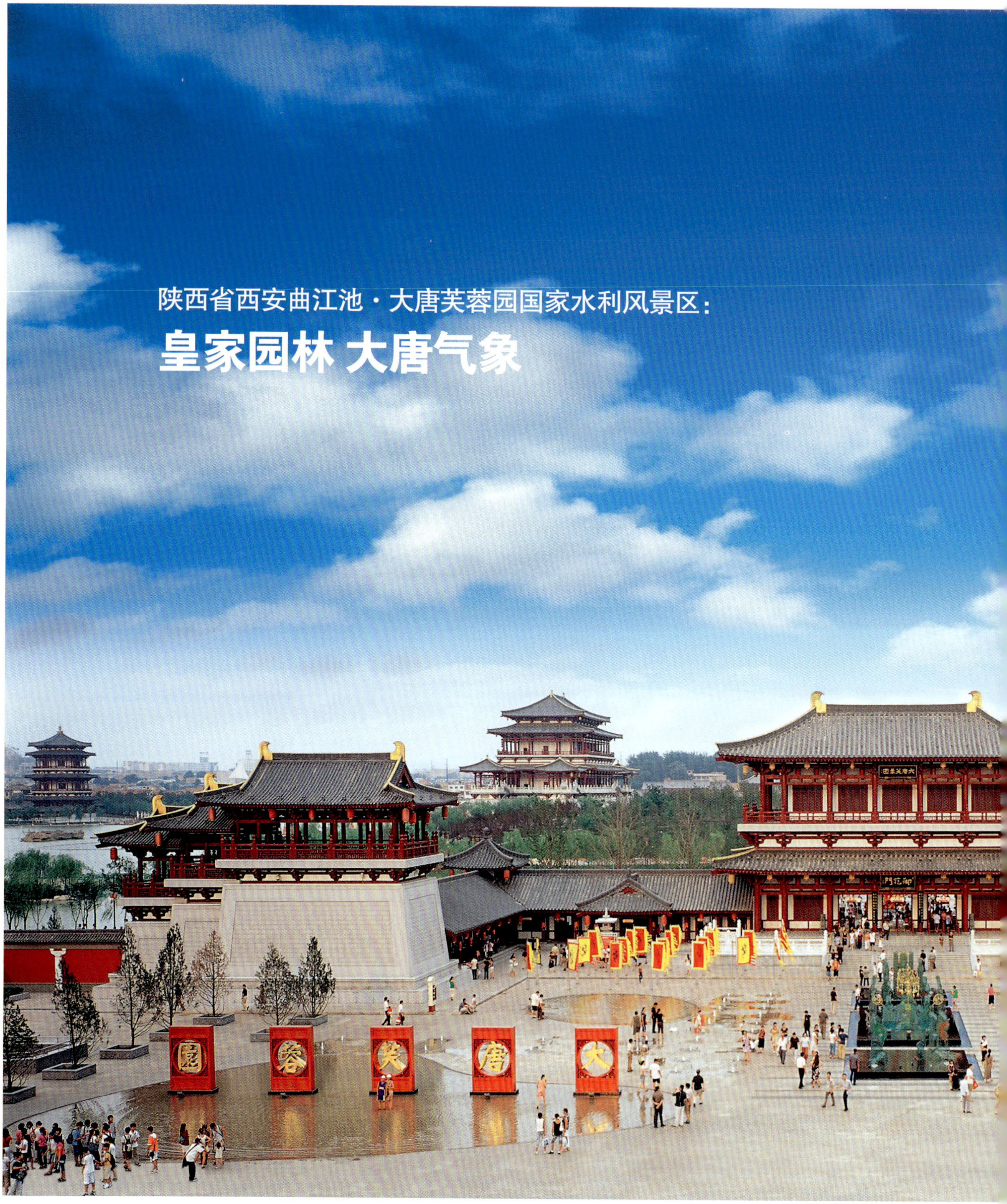

曲江，自古山水形胜，秦汉时即被辟为皇家宜春苑。一代雄主汉武帝，因其水曲折，称之为曲江。历史的车轮滚滚向前，曲江在步入新时代后焕发出勃勃生机。中国首个国家级文化产业示范区、中国2009人居环境范例奖，国家5A级旅游景区——陕西省西安曲江池·大唐芙蓉园国家水利风景区就坐落在这里。

专家云集，描画盛唐风采

曲江池·大唐芙蓉园国家水利风景区建成并开放于2008年7月1日，总占地面积1500亩，位于曲江新区东南部，地势南高北低。景区以曲江池水面为中心，曲江流饮的出口为边界，再现了“青山重复，绿水弥漫”的景致。

景区由中国工程院张锦秋院士担纲规划设计，还特别邀请了中国唐代文学学会的十多位唐史、唐诗、唐画、唐建专家、博士生导师、研究员以及旅游专家组成的专家小组对曲江的历史文化内容进行重新挖掘和整理，对全园景观进行了重新规划与定位，让唐文化在曲江这片土地上重现光彩。

景区以秦、汉、隋、唐曲江池遗址为摹本，依据历史水系和文物勘探成果建设现代人文景观。整个景区包括曲江池遗址公园和大唐芙蓉园两个景区。其中曲江池总占地面积63.98万平方米，芙蓉园总占地面积62.5万平方米。

群景璀璨，再现大唐气象

曲江池·大唐芙蓉园水利风景区源自皇家园林，皇家园林代表着当时最为巅峰的建筑和园林景观、文化艺

术及各种人类社会文明成果，尤其以唐时科举选士下的曲江池盛况最为著名。

曲江池·大唐芙蓉园水系依据地势开凿，极为自然。池形曲折，南北长，东西窄。原来的曲江两岸宫殿连绵，楼阁起伏，垂柳如云，花色人影，景色绮丽。

曲江池遗址公园因循山水格局，建设历史之园、文化之园、生态之园、艺术之园。以秦、汉、隋、唐曲江池遗址为基础，恢复曲江池历史水系，建设现代人文景观。琼楼玉宇、桥廊轩榭，凡三十六处，如璀璨群星辉映曲江池。整个公园以曲江池水面为中心，分为八大景区：汉武泉景区、艺术人家景区、曲江亭景区、明皇栈桥景区、阅江楼景区、烟波岛景区、云韶居景区、畅观楼景区。

大唐芙蓉园内则以湖为主，环水布局，疏密有致，虚实相应，以各种形态美和多样的色彩美而展示其特有的美感，不负大唐气象。千亩园林和半园曲水张开怀抱，诱人神游昔日的盛世，同时也使古都的公共空间在今日再现。

史籍中有关芙蓉园的记载极少，遗址迄今尚未发掘，对园之布局目前一无所知，只能从形容景物和皇帝游幸的唐人诗文中略知其景观特色。

旧时胜景，福泽百姓之家

景区建筑风格与自然和谐，仿唐景区建筑特色受到广大游客一致称赞。依靠独特的唐文化与人文景观相结合，建筑独具一格，具有工程代表性。

建筑历史专家付喜年在研究历史文献后综论道：“可知芙蓉苑建在坡陀起伏、曲水萦回的优美自然风景地段上，其主要建筑大约面北，南倚丘陵，北临湖泊河曲，还可遥望城北塬上的大明宫丹凤楼。园中临水处建有水殿，河渠上架设画桥，利用丘陵地建山楼、青阁、竹楼等大量建筑物。苑内绿地临水处以柳为主，水边有芙蓉等花卉。丘陵及平地种杏和卢橘。此外，最有特色的是弥漫山丘涧谷和水边的丛竹。”

现在的曲江池·大唐芙蓉园水利风景区已经成为广大市民游客“走进历史，感受人文，体验生活”的首选之地。清晨，人们在这里闻鸡起舞，挥毫练墨；傍晚，人们在这里享受悠闲散步的惬意。

景区形成了城市生态景观带，成为人文西安的新标志，是西安实现城市现代化和历史文化遗产保护和谐共生的成功典范，为西安市民提供了一个人文、自然、休闲、和谐的城市活动区。

生态龙湖成就“水域靓城”

——河南省郑州龙湖国家水利风景区

在我国中部，有一座城市群落规模最大、一体化程度最高、人口最密集的城市群——中原城市群。它是我国第七个国家级城市群，以富庶的中原城市郑州为中心，带动着整个中原腹地的崛起。

郑州的郑东新区是一座按照国际化新区设计建设的国际化新城区，河南省郑州龙湖国家水利风景区，则是这座“水域靓城”的一张亮丽的生态名片。

“如意”设计，绘就人水和谐画卷

这是一座依托水利网络超前规划建设的现代之城、生态之城、宜居之城、繁荣之城，巍然矗立在中原大地，成为河南的地标性城市。

郑东新区的城区规划，是以水为蓝本，充分展现出东方文化的魅力。

根据龙的传说及湖的形态，景区把规划中的人工湖取名为龙湖；CBD和CBD副中心两个环形城市，通过运河连接，构成象征吉祥和谐的巨型“如意”，彰显出浓厚的传统文化内涵。同时，新区坚持绿色发展理念，着力建设成为国际化的区域性金融中心、国际化中央商务区和具有国际水平的生态宜居城市，通过道路、河渠、湖泊的绿化构建生态回廊，充分体现了“以人为本”的设计理念，进而实现了人与自然的生态和谐。

经过十多年建设，郑东新区已成为中部地区国际化新城的一个标杆和缩影。许多来郑东新区视察的国家领导人都对其赞叹有加。上合峰会的举办，使郑东新区的亮丽身影长久地留在各国政要的记忆里。

随着龙湖成湖工程的完工，龙湖将与南北运河、如意湖相连接，形成水上交通通道，届时将开展水上公交和观光业务，丰富郑东新区城市旅

游资源。

龙湖、如意湖、龙子湖、象湖四大湖泊遥相呼应，像四颗璀璨的珍珠，由郑东新区多条河流串联起来，构成一幅壮丽的现代都市水利画卷。

强化治理，彰显绿色水城魅力

早在规划之初，郑东新区便考虑了北方城市缺水的特点，充分利用河道、湖泊、湿地的调蓄、循环和互补作用，开展集调蓄、灌溉、景观、气候等多功能于一身的水域建设，彰显郑东新区生态、绿水、宜居的魅力。繁茂厚重的森林公园，层次丰富的水岸景观，蜿蜒密集的道路绿带，缤纷多彩的城市公园，星罗棋布的丛林、绿地，一道道生态回廊，织成一张满目苍翠的绿色之网。

为了加强龙湖水域保护管理，促进水资源合理利用，发挥龙湖水域综合生态功能，《郑州市龙湖水域保护管理办法》已经于 2015 年 7 月 1 日起实行，郑东新区管委会负责具体组织实施该管理办法，水域不文明、不安全行为得到了根本性遏制。

龙湖水域保护区，是指位于郑东新区管辖区域内的龙湖、龙子湖、象湖、如意湖、莲湖及相连的河、渠等龙湖水域和湖心岛、环湖等有关区域。龙湖水域保护区的具体范围由郑东新区管理委员会划定，经市人民政府批准后公布。

为了保证龙湖区域的水质，郑东新区管委会组织设置水质监测体系，建立水质预警机制，定期监测龙湖水域水质，并将监测结果及时向社会公布。一旦龙湖水域水质有异常变化，郑东新区环境保护机构会及时调查处理。

郑东新区被誉为水域靓城、生态城区，以水为名片，通过人工湖、运河、绿化网络，达到了自然与城市的和谐共生。

生态建设，成就精彩点睛之笔

龙湖是郑东新区的点睛之笔，它与如意湖、龙子湖、象湖、金水河、熊儿河、魏河、贾鲁河、东风渠等河流、渠道、湖泊纵横交错，构成了完整的城市生态水系。沿河两岸遍布繁花似锦的河川公园，生态环保的人工湿地，不仅实现了水资源循环净化的科学利用，更以多种水生植物保持了生物的多样性，形成了贯穿全市、环抱城区的生态走廊。目前，作为龙湖地区先行区的龙湖南区已是现代气息浓郁、生态环境优美的宜居之地。

近年来，郑东新区积极践行绿色发展理念，按照大生态、大统筹、大格局的生态建设原则，生态水系建设不断向纵深开展。龙湖“千亩湿地、万亩水面”景观初显，连同如意运河、龙子湖森林花海、象湖滨水绿廊，构成龙湖水域水美、岸绿的现代绿色城市美景。

郑东新区环龙湖 9 大公园、象湖文化主题公园及周边河道带状公园相继开放，基础设施逐步完善，人与自然水乳交融，有力诠释了人与水和谐共生的生态理念。从老城区穿流而过的金水河、熊儿河、七里河等河流，在郑东新区与龙湖、龙子湖、象湖等河湖融会贯通，形成了超过 1500 万平方米、动静一体的城市生态水系，与大面积的人工湿地共同构成城市之肾，担负起蓄水、净水、涵养植被的循环调节功能。如今，漫步湖畔，欣赏波光潋滟、风景如画的现代都市已经成为广大市民必不可少的一种生活方式。

休闲时刻，畅游“水域靓城”

一个水网交织、人水和谐共生的“水域靓城”已然恢宏呈现，市民可以在绿色中尽享幸福生活。郑东新区如意湖、如意河、昆丽河共计 5.3 千米河道，目前已经由河南省龙湖文化旅游开发有限公司经营并进行了旅游开发，开通了航运和船舶观光服务、自驾游船服务、观光休闲自行车等多项旅游项目。

旅游开发公司现在运营大小船只 53 艘，其中豪华游轮 4 艘，大型电瓶船 2 艘，大快艇和小快艇各一艘，自驾船 45 艘。现有中心码头、西码头、东码头三个服务场所。游船观光水域贯穿如意湖、昆丽河、如意河，每年接待游客 10 万人次。游客通过游船亲近了自然，还在旅行过程中对郑东新区的城市建设有了更直观的了解。

目前，郑东新区正在筹划如意湖—龙湖—龙子湖的通航工程，随着城市水系景观的逐步成型，东区丰富的旅游资源将逐步开发，发展前景十分广阔。

中国山水 1902

Can
I help you?

琅琊古郡筑“生态水城”

——山东省临沂沂沭河国家水利风景区

千年临沂，古郡琅琊。右军故地，智圣故里。

滔滔河水，掬一捧至纯至清。好客临沂，谱一曲情深意浓。沂沭河水，且溉且航。

沂沭水系自北向南，纵贯沂蒙，经鲁东南流向苏北。千百年来，河水汤汤，孕育了辉煌灿烂的沂蒙文化，也造就了今日临沂的昌盛与繁荣。

山东省临沂沂沭河国家水利风景区就依偎在这片沂蒙热土之上。

三河四水，风采与活力兼备

三河相拥，四水环绕，孕育了临沂的灵秀之气。

沂沭河国家水利风景区位于临沂经济技术开发区内，西傍宽阔浩荡的沂河，东有碧波荡漾的沭河，南有分沂入沭运河，内有李公河、玉白河、解白河、彭白河四河环绕，小埠东干渠贯穿西东。景区内河道总长度105.56千米，水域面积12.93平方千米。

景区整体跨度大，景点分布广，处于城郊，具有浓厚的乡野气息。游客在这里休闲游憩，亲近自然，可以充分感受绿色生态之美。景区与开发区新城建设交相辉映，展现了“生态水城，活力凤城”的魅力城市形象。

解白河、彭白河、玉白河三河交汇，成就了三河口湿地的秀美风光。作为湿地保护区，三河口湿地成为涵养净化水源、生态修复保育、休闲游览的保护性湿地。湿地内大面积种植鸢尾、菖蒲、芦荻等水生植物，成为天然遗传基因宝库和城市绿肺。

临沂经济技术开发区满怀城市发展建设的热望，致力于打造人水相依、生态和谐的风景胜地。按照风景区整体规划思路，规划建设“一脉、五廊、七区、十大景点”为骨架的水生态景观体系。

景区由沂河、沭河、运河等主干河流环抱，形成了“一脉”相承的半环形绿色生态水脉。李公河都市休闲走廊、解白河工业科技游廊、玉白河农业观光画廊、彭白河生态保育绿廊、小埠东干渠园林文化长廊，构成了景区生态休憩观光的“五廊”。

景区规划了都市观光游览区、郊野休闲游憩区、农业观光体验区、文娱科普区、运动体验区、生态防护区、生态涵养区等“七区”，丰富了景区内涵。皇山东夷文化园、沂蒙水利建设展览馆、李公河湾子广场、水景坝、凤翔文化广场、三河口湿地、密林游憩体验中心、临沂动植物园、临沂极地海洋世界等十大景点，成为景区闪耀的亮点。

景观设计，生态与人文共生

悠久的城市历史，孕育深厚的文化底蕴。国家4A级旅游景区皇山东夷文化园，以东夷文化、

凤凰文化为主题，园内皇山阁大气磅礴。文化园依托景区制高点皇山，成为景区内最具代表性的地文景观。园内出土发现的“东夷文化”史前古村落遗址，充分证明了临沂深厚的城市文化源头之久远。沂蒙水利建设展览馆，体现了水利建设中战天斗地的沂蒙精神。

蜿蜒秀美的李公河，秉承生态与人文相融合的设计理念，打造以湿地净化为主的生态景观。沿河景观带定位于生态涵养和都市休闲游憩，规划设计了都市休闲游憩中心，建设了凤翔文化广场、湾子广场、状元桥、水景钢坝闸等景点供游人休闲游憩。其中水景钢坝闸为国内首座河道内360° 水柱旋转水景坝。

临沂沂沭河国家水利风景区的建设，使生态农业绽放出别样的风采。景区充分利用现有资源，打造了以农业观光体验、采摘、科普为主的葡萄小镇，推广乡村特色风光游，普及葡萄知识，并设有游客接待中心，供游人休憩。

临沂动植物园，培育和饲养了诸多珍稀动植物。景区充分利用园内物种资源，打造了环境优美、设施齐全、物种丰富的动植物景观游览观赏区，构筑了层次丰富、四季有景的滨水动植物群落，为景区增添了勃勃生机。

水利建设，功在当代，利在千秋。景区内主要水利工程有沭河华山橡胶坝、沭河特大桥以及李公河、玉白河等五条内河水系上的诸多中小型水利工程，连带规划建设了9座景观闸，形成了滨河走廊上亮丽的风景线。

景区内新建的26处节点广场、亲水平台等，成为垂钓、广场舞爱好者及周边居民休闲健身、避暑纳凉的重要聚集地。新建的7座服务驿站，为景区公共服务、应急救援、管理办公提供保

障，既服务观光游客，又方便了周边居民的休闲游憩。

与城为邻，建设与保护并重

包容承载深情，开放展现精彩。沂沭河水利风景区自开工建设以来，开发区管委会牢固树立“绿水青山就是金山银山”的发展理念，大力实施生态修复与工程建设并重的发展战略，对城区排污管道改造提升。围绕清淤培堤与滨河道路建设、河道绿化、慢行系统打造、闸坝桥梁修复与建设、景区节点及大型湿地建设共七大部分进行改造建设，使景区旧貌换新颜，焕发出崭新的风姿与活力。

清淤培堤，疏浚河道，还河流清澈通畅。针对彭白河、解白河、玉白河等原有河道，进行清淤扩挖，平均清淤深度 1.2 米，并对两侧堤防进行加宽加固，形成了河畅、堤固、水清、岸绿、景美的生态内河水网，使开发区原有 10 年一遇、20 年一遇的洪水校核防洪标准，提升为 20 年一遇、50 年一遇洪水校核标准。

修建滨河道路，打造便利交通。在堤防加宽加固的基础上建设了滨河道路，道路标准为三级，平均宽度 12 米，总长 70 余千米。

沿河绿树成荫，景区物种繁多。沿滨河道路打造了生态绿廊；依水面、岸坡栽植水生植物，打造了绿色景观。新增绿化面积 500 万平米。景区内自然资源保持完整，水质达到地表水Ⅲ类、Ⅱ类水标准，景区生态得到极大的改善。目前景区内拥有包括珍稀鸟类、爬行动物、哺乳动物、生态鱼类在内的野生动物 100 余种。

河岸建有自行车慢行系统，全程 27 千米，融入“海绵城市”理念建设的彩色透水路面，配合两侧绿化景观，使骑行爱好者置身其中，心旷神怡。

“一体两翼”盘活奇山秀水

——湖北省宜昌高岚河国家水利风景区

这里是神农门户，这里是昭君故里，这里是水电明星县兴山县。

兴山县位于湖北省西部、长江西陵峡北侧、大巴山余脉与巫山余脉交会处，香溪河则是兴山县境内主要河流，高岚河是香溪河支流之一，湖北省宜昌高岚河国家水利风景区就坐落在这里。

奇绝美景，此生不可辜负

高岚河水利风景区，规划总面积 186 平方千米，位于湖北省“一江两山”腹地，东邻宜昌市夷陵区，南接秭归县，西靠香溪，北与古夫河流域相接，既是神农架的“门户”，又扼“双神”线咽喉。

高岚河在两河口以上分左右两支，左支流为高岚河（又名王家河），右支流为孔子河。高岚河流域山川秀美，群山连绵起伏；流域内森林茂密，植被良好；两岸山体陡峻，河谷狭窄，且多陡坎绝壁；河道曲折，水流湍急；沿河的河谷景观独特，自然资源丰富。高岚河流域面积 1023 平方千米，河长 62 千米，水质均达到了Ⅱ类水质以上。

景区内水利风景资源丰富，自然条件优良，历史文化悠久，水利工程与水资源丰富；遍布奇山秀水，可谓无峰不奇，无水不秀，无石不异，且峡谷幽深，林茂花繁。

云雾缭绕中，山水树石争辉，奇花异草遍布，俨然天然的山水画廊，堪称山水景致的集大成之作，被誉为湖北的“黄山”。

另外，境内有卧佛山、朝天吼、孔雀谷、八缎锦、将军柱、骆驼峰、鸳鸯石、红石笋、棺椁洞等景观，众多自然景观组成的内、外十里画廊，更是山高水长，宛若仙境，令人流连忘返。

生态水坝成就“朝天吼”

高岚河流上游有雷溪口水库和青龙寨水库，两座水库大坝均为混凝土重力滚水坝，形成了一定的水域水面，改善了区域水环境。

南对河生态坝位于王家河学堂坪大桥下游 680 米处，坝高 14.5 米，属堆石混凝土重力坝。坝顶溢流坝段将设置液压升降闸，建成后可以增加区域水域面积近 20 万平方米，对改善区域水环境，改善河道生态，丰富河道旅游景观有十分重要的意义。

朝天吼漂流起点翻板闸门坝位于廊桥下，由 8 扇翻板闸门组成，主要用于控制漂流下泄流量及增加高岚集镇区域水面景观。漂流的最佳流量为每秒 4—6 立方米，翻板闸门坝可进行短时间调节，让漂流更加刺激，又确保安全可控。

高岚河共有水电站 37 座，大多数为引水式电站，按照生态环保的原则，于 2017 年全部进行了生态流泄放改造，并纳入了环保监测范围。生态流泄放改善了河道生态环境，丰富了河道的生物多样性。目前，所有电站的生态流已经形成了常态化泄放。

即将改造完成的朝天吼电站将成为一座现代化、智能化、花园式、节能环保的具有流域代表性的水电站，并即将对游客进行开放，供游客参观。将通过宣传板、解说、水利科技科普等手段，让游客进一步了解水电站的工作原理、生态环保的再生能源的利用价值所在。

景观改造扮靓“最美漂流”

高岚河水利风景区拥有鄂西山区乃至湖北省最俊秀的山水景观，自然资源禀赋良好，是湖北山水旅游资源中的精华。

其中的朝天吼漂流 4A 级景区更是被打造成了兴山县的核心旅游项目，拥有“中国自然水域漂流之都”“最美漂流”的美誉。沿河沿路是奇妙的山峰、幽深的峡谷、象形的山石、飞溅的瀑布、缥缈的云雾，连绵数十里，空气清新，气候宜人，美不胜收。

为保证安全，并增加两岸的观赏性，朝天吼漂流河段景观工程建成后，对右岸 6 千米滩地进行了绿化亮化，以高岚河主河道、夏阳河、董家河风景廊道为主体，以孔子河、鸳鸯水风景廊道为两翼，围绕河道和沿河公路构建风景廊道体系，修建了桃花岛、吊桥、自行车骑行道、摄影基地等一系列景观工程，丰富了沿河景观。漂流的游客在体验漂流刺激的同时，可以欣赏沿途美丽的自然景观和人造景观，也可供不漂流的游客沿河徒步观赏。

高岚河景区拥有底蕴丰厚的地域文化和民俗文化，如“和平女神”王昭君、国家级非物质文化遗产“兴山民歌”等。省非物质文化遗产“昭君传说”、兴山围鼓、薅草锣鼓、山地花鼓、皮影戏等在此孕育；传统手工艺昭君刺绣、兴山竹编等在此流传。流域内民风淳朴，田园优雅，是游客体验民俗风情的绝佳去处。

发展规划体现浪漫情怀

为实现高岚河水利资源由功能性向资源性转变升级，高岚河水利风景区集山水休闲、户外运动、民俗体验、湿地度假四大功能于一体，汇聚了河谷漂流、河谷徒步休闲、水文化体验等三大品牌资源，致力于实现“一体两翼·一心五区”的整体规划，完美展现昭君故里独特的自然风光和浪漫情怀！

“一体两翼”是指以高岚河主河道、夏阳河、董家河风景廊道为主体，以孔子河、鸳鸯水风景廊道为两翼，围绕河道和沿河公路构建风景廊道体系。

“一心”是指高岚特色小镇旅游集散中心；“五区”分别为朝天吼漂流运动旅游区、南对河生态坝观光休闲区、孔子河山水徒步休闲区、建阳坪水利科技文化体验区和落雁林湿地生态保护区。

在朝天吼漂流运动旅游区，将军柱水电站的发电功能全部转变成漂流景区的水源保障功能，把朝天吼电站前池改造成 70 米的人工瀑布，使之成为花园式全开放的电站。将现有朝天吼漂流游客中心改造为高岚旅游信息咨询中心，在两河口止漂点按照 5A 景区游客中心标准建设朝天吼漂流景区新的游客中心和高岚旅游集散中心。同时对漂流河段两岸进行生态修复，在左岸设立植物迷宫和太极八卦阵；在右岸设立自驾车露营基地，开展房车露营、汽车影院等游憩项目。

另外，在杨道河筑坝，形成杨道河水库水面，形成峡谷休闲空间，设置沙滩游乐场。

巴蜀“天意”入水景

——四川省广安天意谷国家水利风景区

沿地球北纬 30° 前行，将目光停留在北纬 30.5° 、东经 106.5° 时，人们会惊奇地发现，有一条条山川横亘在地图上，它就是地处四川邻水的沟壑纵横、暗河涌动、水潭幽深的四川省广安天意谷国家水利风景区。

天意谷水利风景区位于邻水县城西南区域，由国家 4A 级旅游景区天意谷、向阳桥水库、台子湾水库组成，北起于邻水县杨河村，南止于甘坝乡联合村，西起于甘坝乡望月村，东止于高坪村西环线，总面积约 43.68 平方千米，其中水域面积达 15 平方千米。

瑰丽资源映照传奇巴蜀

天意谷国家水利风景区是聚华蓥山千峰万壑之水于一流，与喀斯特地貌的断裂地缝相遇后形成的地质奇观。在一条约 5000 米长的 Y 字形断裂地缝河谷内，形成了无数的溶洞奇观和瀑布群。这里沟壑纵横，洞连地天，地缝交错，遍布暗河深潭……构成了一个水石交融、高深莫测的神秘世界。

这里拥有洞中天河瀑布群、石门瀑布、老龙潭瀑布、三天神灵洞、石门关、低谷潭、珠帘瀑布、潜龙洞、洗心池、忘忧坪、五龙潭、巴王玺、地缝峡、神鹰界、易家槽石林等景点，龙须河、洞中天河、响水河等河道穿插在景区中，显得格外灵动，望月湖、龙须湖、桃源湖等湖泊点缀在景区之中，宛如颗颗璀璨的宝石，显得隽永清秀。

景区以变幻莫测的喀斯特地貌为背景，以龙须河、洞中天河为资源本底，植入地质探险、养

生度假、绿色美食、生态体验等功能。目前，景区已成为广安、重庆、南充等地市民观光旅游休闲和避暑的胜地。2014 年，成功创建为国家 4A 级旅游景区。

向阳桥水库地处邻水县县城西郊，集农业灌溉、防洪抗汛、区域水生态文明建设于一体，是邻水第三座中型水库工程。水库集雨面积 28.65 平方千米，总库容 1644 万立方米。工程投资估算达 5.83 亿元。工程建成后，可确保邻水城南、牟家、甘坝等 7 个乡镇 3.76 万亩的农田灌溉。

响水河乡村旅游体验区，位于天意谷景区与向阳桥水库生态涵养区中部区域，区域以独具特色的川东民居为基础，是融入乡村旅游、农耕文化体验为特色的乡村旅游体验区。

景区文化底蕴深厚，集奇特的地质文化、神秘的巴王朝文化、深厚的红色文化、独特的川东民俗文化、生态的水利文化等于一体，有石门关、石门洞、三界洞、仙女池、巴王玺、黄金洞、三天洞等历史遗迹和纪念物。

这里拥有巴国王朝、巴国王族、巴王子等重要历史文化遗存，更有水利人以人水和谐为宗旨的治水智慧。

规划布局凸显“水汽淋漓”

天意谷水利风景区以退耕还林、生态保育为原则，依托天意谷重力水坝及向阳桥水库工程，打造集休闲娱乐、文化体验、养生度假、旅游观光、特色运动五大核心功能于一体的文化性、生态化、体验型的综合性旅游休闲度假胜地。景区将独具地域特色的地质文化、巴人文化、水文化精巧融合，突出“亲水、戏水、乐水”主题。

天意谷水利风景区在科学保护的基础上，建成了集水利文化、地质文化、民俗文化、农耕文化、养生文化等于一身，发展休闲娱乐、旅游观光、养生度假、特色运动、生态保护于一体的多功能特色水利风景区。

规划以天意谷、向阳桥水库为主线，以景区旅游环线景观为骨架，将景区划分为天意谷生态旅游度假区、向阳桥水库生态涵养区、响水河乡村旅游体验区三大功能片区。在空间分布上打造为“一心・一廊・三区・七组团”的空间结构，其中“一心”为综合服务中心，“一廊”为响水河生态走廊，“七组团”分别为龙须河生态保护组团、洞中天河康养度假组团、喀斯特地质探险组团、巴国风情特色小镇组团、向阳桥彩林观光组团、西天特色旅游小镇组团、向阳桥水库涵养组团。

因为发展形势良好，2018 年四川省广安天意谷水利景区获批国家级水利风景区。

景区建设顺应生态“天意”

天意谷国家水利风景区高度重视水环境质量，通过截污清淤等措施，提升水质，水质监测优于Ⅱ类标准；景区各种污水直接进入污水管道，集中处理；景区科学规划植被层次，种植不同种类植被，景区林草覆盖率达 91%，有效提升了水土保持效果，涵养了水源，景区水土流失综合治理率达 97%。

景区的交通基础设施相对完善，道路质量较好；旅游服务设施功能相对齐全；经规划建设之后，景区智慧景区建设成果显著，实现了网上预订及支付、一卡通入园、多媒体查询等智能体验功能；

完善了景区服务设施，厕所、路标等非常完备；规划景点布置合理，自然承载力较高，规划年接待游客量将达 401.52 万人次。

邻水县成立了天意谷水利风景区开发建设管理委员会，对景区核心保护区域进行规划协调和监督管理，且管理机构独立，管理制度明晰，明确了人员职责，做到每日有人员进行固定保洁、看管及维护。同时，在景区主要道路上，每隔 50 米设置垃圾箱，并有专人负责，确保了景区的环境卫生，制止了人为破坏。

天意谷水利风景区开发建设，使得昔日荒凉的喀斯特山地成为一个集水生态保护、野生动物栖息、特色运动体验、休闲观光度假于一体的综合性休闲度假胜地。在水生态文明建设、喀斯特山地水土保持综合治理及自然河湖水环境长效管理方面起到了很好的示范作用，获得了省市领导、行业专家、社会大众的高度肯定和赞扬，赋予了邻水崭新的内涵与活力。

目前，四川邻水天意谷水利风景区已形成集观光、休闲、娱乐、购物、餐饮、科教为一体的综合性景区，建设成效较好，既发展了生态休闲旅游，又起到了保护资源、保持水土、涵养水源的作用。

留得碧水润长安

——陕西省西安护城河国家水利风景区

一波碧水绕长安，千年繁华恒守护。

建于明洪武年间的西安护城河，在历史的长河中已缓缓流淌了六百余载，以一颗赤诚之心悄然抚慰着西安这座华夏故都、世界名城，亲历了这座城市的发展和变迁，也见证了陕西省西安护城河国家水利风景区建设的前世今生。

西安护城河国家水利风景区资源依托于境内水系水体，呈环状分布，其发展与这个城市的发展息息相关。

生态治理助力“大美西安”

河、湖长治，功在当代，利在千秋。护城河景区结合“全域旅游”概念，全面推行水利部“一河一策”方案，通过大力开展疏浚河道、打造人工湿地、精心梳理滨河绿地等一系列工作，景区生态治理成绩显著。景区河道内水质清澈，鱼翔浅底;河道两岸绿意盎然，繁花似锦;城、林、河、路、桥浑然一体……营造出一幅自然和谐、诗情浓郁的生态画卷。

随着护城河防洪治理及景观提升工程的开展，蓄水工程、护坡工程及防渗工程的顺利建设，护城河河道及沿岸生态环境得到了全面改善，有助于恢复与再造护城河湿地生态系统。这对带动相关产业发展、展现历史文脉、复兴城市文化、提高城市品位、改善人居环境、增强城市竞争力，都有着十分重要的作用。

未来，西安护城河水利风景区将继续践行“绿水青山就是金山银山”理念，着力塑造城墙、护城河文化生态旅游区品牌和形象，全面推动“全域旅游”的发展和攀升，打造具有国际水平的水利文化示范区，为西安的大美图景添上浓墨重彩的一笔!

生态旅游开发因地制宜

护城河沿岸工程是休闲旅游发展的重要载体。

护城河沿线涉河水利工程主要包括堤防护岸、拦水坝、跨河桥梁等。经过提升改造，东门—朱雀门段对河道内带状亲水平台、观景平台、下河踏步、两岸护坡、内外岸林带等进行了生态改造，共形成景观水域 3.7 千米。

2017 年实施完成朱雀门—西门段综合改造，长度 2.5 千米。改造后水质较好，使护城河呈现出碧波荡漾的新面貌。整治一新的环城公园，给游人提供了休憩娱乐的理想场所。

对历史文化遗存的发掘整理也是景区建设的题中之义。

景区周边散布了明城墙、碑迹林博物馆、钟鼓楼广场、书院门、北院门、都城隍庙、广仁寺、兴庆公园等名胜古迹。

明城墙是世界上历史最悠久、保存最完整的古代城垣建筑，其恢宏、壮丽、博大的气魄，成为西安这座国际化大都市的地标符号与精神家园。

而在这座城墙下，散布于景区带状公园各处的大量景观雕塑与构筑物，穿越千年历史，诉说着城墙内外的沧桑与辉煌，演绎着一个个动人的关中民俗、古城文化故事。

规划布局完善“品质西安”

西安护城河是中国古代城市防御体系标志性水利建筑，也是国内保存较为完整的古护城河，为国家级重点文物保护项目。对景区的整体规划布局体现了建设者的匠心。

景区以护城河为依托，打造沿河生态绿色廊道，结合城市道路，合理布局景观节点，从而串联整个景区，规划形成了“四轴四心十节点”的空间布局，即在国际文化时尚轴、民俗风情体验轴、唐风古韵展示轴及丝路印象艺术轴的景区空间架构上，以安远门、长乐门、永宁门和安定门为景观核心，合理布局滨水文化广场、秦人百态、三秦广场等十大景观节点，实现古今相契，动静相宜，人景相谐。

站在建设“品质西安”的城市发展高度，护城河景区不断完善各类公共服务配套设施，使其成为一座集广大市民休闲娱乐、感受自然、强身健体、体验人文、民俗交流等功能于一体的城市生态乐园，成为一条极富文化内涵的多功能文化景观休闲带，成为西安重要的城市旅游配套区域及民生工程的典范，凸显了西安城市文化特色与品质内涵。

中国山水 1902

西北边陲的城中丽水

——新疆维吾尔自治区喀什吐曼河国家水利风景区

喀什地处祖国西北边陲，古丝绸之路从这里穿过，当代“一带一路”壮丽画卷的一部分也在这里徐徐展开。一条玉带一样的碧水给这座城市带来了无尽的生机与灵性，这里，就是新疆喀什吐曼河国家水利风景区。

新疆维吾尔自治区喀什吐曼河国家水利风景区位于喀什市城区，依托吐曼河城区段河道、吐曼桥而建，属于城市河湖型水利风景区。景区内自然景观丰富，河流景观、湿地景观在空间地域上自然搭配，尽显生机与活力。

丝绸之路上的文化重镇

喀什是全国历史文化名城之一，是古丝绸之路的重镇，是新疆维吾尔自治区旅游热点城市，具有发展旅游业的得天独厚的优势。国家“一带一路”规划将喀什列为中国—中亚—西亚经济走廊主要节点城市，将喀什经济开发区列为重要产业园区。

景区核心区地处喀什市中心位置，是喀什历史文化遗存最厚重的区域，丝路胜迹仍然遍及城区各地。喀什噶尔古城是世界上规模最大的生土建筑群之一，极具历史意义与文化价值。

景区民俗风情浓郁，尤其是以维吾尔族为主的节日庆典、民族服饰、宗教文化、饮食起居、婚俗礼仪、民族歌舞、民居建筑风格等，构成了一幅绚丽多彩的民族风情画卷，这也是喀什市最具吸引力的旅游资源。

位于吐曼河畔的山崖上的高台民居，巷道狭窄弯曲，过街楼、小胡同、手工作坊随处可见，生土建筑比比皆是。这里还保留了多处已有数百年历史的老宅和清真寺。高台民居被中外游客誉为“维吾尔族活的民俗博物馆”，是喀什这座中国历史文化名城的内涵所在。

高台民居既是维吾尔族传统手工艺制作的绝佳场所，也是维吾尔族美化环境、雕刻与绘画艺术的殿堂。可开展考古、民俗体验、摄影、学艺等活动，为未来景区内开展深度体验活动提供了空间，具有极大的旅游开发价值。

“一核一带三组团”规划美好前景

吐曼河国家水利风景区结合景区内资源分布状况及交通条件、区域空间发展战略等，按照“分工合理，功能互补，适度开发，重点保护，相对分散，结构紧密”的布局思路，对吐曼河城区段进行生态整治；并结合北大桥、高台民居、吐曼公园、东湖公园、南湖公园、北湖公园等景观建设，将景区划分为三个生态功能区：重点保护区、生态防护区、生态协调区。

根据项目水域范围和地块特点，通过产业策划、景观重塑、生态修复、功能提升等策略，构建起景区“一核一带三组团”的旅游功能布局。一核，指东湖生态游憩核心区；一带，指吐曼河生态观光带；三组团，指喀什噶尔古城（高台民居）观光游览组团、北湖休闲度假组团、南湖活力休闲组团。

规划坚持保护优先、合理开发的原则，切实保护水体资源，修复生态，改善人居环境，实现生态环境效益、经济效益和社会效益三者的有机统一。

景区发展，环保当先

吐曼河流域植被为风景区水源涵养发挥了重要作用。通过实施湿地恢复工程，吐曼河水环境得到有效恢复与保护。同时景区制定的生态环境保护规章制度以及推行的环保措施有效维护了自然生态的完整性。景区内没有任何工业污染源，一年四季清水常存，水质优良。

景区采用湿地恢复与自然生态修复的技术，结合吐曼河河堤改造、截流分流技术，设置了围堰区；与现代滩涂结合，建设了湖泊型湿地；同时，结合河床沉沙清淤工程，增加湿地过滤器对水体的过滤净化功能；结合该区吐曼河周边用地的整合规划，实现了东湖、南湖、北湖公园功能的提升；引导吐曼河向生态滨水廊道发展，促进景区功能结构的优化整合。

通过这些措施，吐曼河景区有效地减少了水土流失，维护了自然生态系统的稳定性。

喀什古城
ancient city of KaShGar
AAAAA

傍水而生 乐从中来

——广东省佛山乐从国家水利风景区

出门见水、举步登舟的乐从原生态水利环境孕育出龙舟传统文化，乐从龙舟队曾多次代表国家参加世界龙舟大赛，冠绝一时。

水，滋润了乐从大地，养育了乐从人民，孕生了乐从文化。广东省佛山乐从国家水利风景区，以岭南水乡的特有风姿，在这座千年古镇，因水而生。

乐从水利风景区是集观光游览、休闲度假、文化体验于一体的城市河湖型水利风景区。它以乐从镇岭南水乡为核心主体，以水域风光、城市景观、田园景观为主要景观，坐拥 20 余处融自然与人文于一体的重点风景资源。

生态美景 抒写人水和谐

乐从水利风景区内自然河道与人文景观遥相呼应，相得益彰；现代建筑与古朴民居隔河相望，各美其美；水道纵横交错，水鸟翔集。

景区处在西江和北江冲积而成的大三角洲上，岛丘众多，第四纪沉积层浅薄，基底地形复杂，河网密布。全境为三角洲平原，北江干流贯穿全境，是典型的三角洲河网区。

景区内分布着多处田园，从高空俯瞰，田园景观映入眼帘，在河道与公路的交错中，和谐而美丽，形成了顺德乐从水利风景区特有的岭南水

乡风情。

晨曦日出和傍晚日落之时，朝晖或晚霞倒映水中，水天一色。火烧云跃然而出，闲云迷雾，五彩缤纷，气象万千，情趣盎然，令人浮想联翩。到了雨季，雨丝垂直成线，将天地相连，水面出现鱼跳雀跃景象。时有“东边日出西边雨”，彩虹飞架南北，天光与水色交相辉映，宛如一幅绚美的油画挂在空中。

景区内自然生态保持较完整，有多处自然生态景观。区内河涌交织，池塘密布，水系连通；苍榕古树，百草丰茂；河流蜿蜒，村落傍岸。

古树垂丝，众多白鹭如精灵一样，或挺立树端，或展翅翱翔，或嬉戏水面，或浅水寻食，悦耳鸣唱随水流淌，构成了一道别致的风景线。

休闲景观，彰显城市魅力

唐代诗人钱起有诗云：“水涵秋色静，云带夕阳高；独坐水边草，水流春日长。”这或许就是对乐从水利风景区最好的写照。

这里林草成荫，鸟语花香；这里蓝天白云，碧水泛光；这里是水上“桃花源”，引人无限遐想。

景区按照“水绿香”的理念，运用“生态轴、景观轴、文化轴”三轴融合的手段，打造出了一个“文化主题鲜明、岭南特色突出”的“高效率、慢生活”城市公园。

罗浮宫景区是国家级 4A 旅游景区。作为乐从家居文化的巅峰代表之作，被誉为“不收门票的家居文化博物馆”。

“乐商之家”项目作为“乐商小镇”城市客厅，拟打造乐从的中轴片区核心走廊，拟建设祈福广场、文化中心、体育广场、乐从博物馆群，着力形成资源共享的商贸产业、文化产业的创新型现代生态产业园区，同时成为承载城市文化的重要支点。

新城调蓄湖未来将成为乐从面积最大的湖体公园，它不仅承担着专业级别的赛龙舟场地和展示城市形象等运动功能，还担负城市防涝调蓄的重要功能。

灯笼沙岛树木丰茂，百草丛生，栖息着成群的白鹭及其他鸟类。景区采用现代生物手段对小岛进行生态修复，使其成为风景如画的观鸟天堂。

这里有各具特色的人文主题公园：岭南水乡主题的城市公园，园林景观主题的乐从文化公园，龙狮文化主题的龙狮公园，还有以传播龙舟文化为核心的多功能中华龙舟文化园，集中呈现岭南盆景培育、展示和观赏的中国岭南盆景艺术大观园。

象征美丽文明村居的“美丽大罗·寻幽百桥”沿河景观带正蓄势待发，清朝道光年间修建的七乡盘龙水闸正焕发出青春的气息，早在 2006 年就已经投入运行的小涌水利枢纽更是肩担重任，大放异彩。

乐从古建，映照岭南人文亮点

中国特色生态文明建设的核心是人与自然和谐相处，而水文化则是这一文明不可或缺的内容。

古时乐从，身处岭南百越核心地带，中原民族与原住民在此交往与融合，立族开村，晴耕雨读，捕鱼狩猎，自劳自足，伴随着历史的进程，孕育出无数的文化精英、社会贤达、爱国志士，留下了众多弥足珍贵的历史人文遗产。这些历史文化遗存或张扬在繁华之地，或深隐于小巷深处，见证着历史的沧桑，也承载着乐从的辉煌。

陈氏大宗祠是始建于清朝光绪年间的乐从规模最大的保存最完整的宗祠。景区拟将其打造成为乐从祠堂文化和特色岭南水乡文化综合体验馆。

始建于明崇祯年间的梁氏家庙保存完好。翰林学士，荣光无限。新猷宏国治，廉吏著家声。

由海外华侨及当地名宗望族斥资建成的低地古建筑群极具地方特色。镬耳火山墙，灰塑龙船脊，岁月在这里逶迤而来，蜿蜒而去。

悠久的历史文化和良好的景观条件使水墨鹭洲一跃而成为文化气息浓郁、艺术特色鲜明的水乡休闲胜地。在水乡葛岸，每年农历三月二十四的葛仙巡游，妇孺皆知，万人空巷，早已是享誉当地的文化盛事。

小布古村是始建于南宋的古老临水村落，呈现出一个以古码头为载体的水运文化展厅。景区还将在这里打造一系列水运古码头人文景观。

结合一方悠久人文历史的现代景观规划，正是过去与将来有机融合的最好尝试。或古村，或祠堂，或遗址，这些极具特色的本土人文元素将被糅合在乐从水利风景区的肌理中，以城市“留白”手法打造现代岭南文化新亮点。

链接

广东省佛山乐从国家水利风景区地处珠三角腹地和广佛都市圈核心区域。可通过顺德快线、新桂路、环镇路、佛山大道、佛山一环及轨道交通与周边镇街快速对接，辐射整个珠三角地区。国家 4A 级旅游景区罗浮宫国际家居博览中心位于景区内，区位优势明显。

如诗如画白水河

——湖南省永州金洞白水河国家水利风景区

南岭山高，白水流长。湖南省永州金洞白水河国家水利风景区山清水秀，如诗如画。

景区依托小黄司河、白水河、晒北滩水库而建，规划总面积21平方千米，其中水域面积4.6平方千米，被誉为“漂流王国”“中国楠木之乡”“天然氧吧”，是湖南省第一批全国康养示范基地。

山高林密，风光幽深

白水河为湘江中游一级支流，干流全长117千米，在景区境内流程58千米。白水河一级支流小黄司河全长36千米，水流湍急，怪石嶙峋。河岸崇山峻岭，杉木森森，悬崖重重，一派幽深的峡谷风光。

这里是开展漂流活动的绝佳河段。2009年，景区开发了金洞漂流。金洞漂流全长12千米，落差108米，九曲回肠，惊险刺激，有着“亚洲第一漂”的美誉。金洞漂流分为勇士激流漂、平湖写意漂、时光隧道漂、惊险刺激漂四部分，游客在这里不仅能领略到两岸峰峦叠嶂的美景，还能极致体验漂流的奇、险、幽、秀、野。

景区森林茂密，群山环绕，空气湿度大，经常在雨后形成云海奇观，特别是在春、秋两季，清晨晴空万里，红日在朝霞的烘托中喷薄而出，冉冉升起，万籁俱静，群峰犹如蛟龙出海，云海景象尤为壮观。

虚空落泉千仞直，雷奔入江不暂息。景区内有瀑布十几处，其中最著名的哈巴口瀑布宽12米，高130米，飞流直下、声如奔雷，玉带翻飞、珠玑四溅，气势如虹，蔚为壮观。

山野深处的湖湘风情

楠木主题公园是集楠木文化、知青文化、民俗文化于一体的综合性公园，是白水河生态治理与水景观相结合的样板工程。这里有一株“楠木王”，树龄约500年。2017年9月26日，主题为“魅力金楠·唱响中国”的永州金洞首届森林音乐节在此举行，为金洞老百姓送上了一场雅俗共赏的文化大餐。

祁剧也叫祁阳戏，已有500多年的历史。祁剧的表演风格粗犷而朴实，动作幅度大，唱腔慷慨沉雄，富于山野气势。2008年被国务院、文化部批准为“国家级非物质文化遗产”保护项目。

择水而居，依河而作，河流孕育滋养了一方水土和人文。“瑶文化活化石”——“瑶家坐歌堂”原来是瑶族人民为了纪念祖先、庆贺丰年而举办的歌会，歌会在瑶民的堂屋举行，所以叫堂歌，后来逐渐演变成凡有娶亲、乔迁新居喜庆活动，都举行歌堂对歌赛歌，成为当地瑶民主要的传统文化娱乐项目。2008年被确定为湖南省第二批非物质文化遗产名录项目。

旅游升级，谱写金洞新篇章

2017年底到2018年初，景区投入巨资对白水河进行综合治理，其中重点加大了对水生态环境修复、水土保持的投入。一系列的措施致力将白水河建成了水清、河畅、岸绿、景美的榜样河流，助力景区水生态文明建设。

旅游升温，乡村振兴。“中国楠木第一村”小金洞村利用得天独厚的资源优势，大力发展生态观光农业、农庄、民宿等项目，在给景区居民提供劳动岗位的同时，也带动了一批生态农家乐的建立。

为完善景区配套，加快建设步伐，原冶炼厂改造为牛头山服务接待中心，景区内的酒店也进行了升级改造。经过扩容提质改造后，景区接待能力大幅提升，整体形象焕然一新。

景区规划与城市整体旅游规划相协调，将景区划分为金洞旅游小镇、白水河漂流及水上休闲运动休闲带、森林生态休闲区、晒北滩滨水休闲度假与瑶文化旅游体验区四个功能区域。同时，制定了12个专项规划，为建设“美丽中国”和“富饶美丽幸福新湖南”谱写出绚丽的金洞新篇章。

链接

湖南省永州金洞白水河国家水利风景区位于湖南省永州市金洞管理区内，交通便捷。距永州零陵机场85千米，距湘桂高铁祁阳站65千米，距衡枣高速出口24千米，形成了航空、铁路、公路“三位一体”的立体交通网络。

中国山水1902

“水乡园林”田关岛

——湖北省潜江田关岛国家水利风景区

湖北省潜江田关岛国家水利风景区位于素有“曹禺故里、江汉油城、水乡园林、龙虾之乡”美誉的潜江市境内，是江汉平原上水乡园林的典型代表，是三国黄金旅游线和鄂西旅游走廊上新兴的旅游明珠。

姹紫嫣红“秀”美景

景区四面环水，风景怡人，以“秀”著称。

田关河、东荆河河段河水清澈，与沿岸的垂柳、水杉林及农田形成了一片清秀脱俗的山水田园画卷；腾龙湖通过小桥、栈桥等的连接形成了令人沉醉的“江南水乡园林”景色。

景区位于江汉平原腹地，是典型的冲积平原。早上太阳从东方升起，阳光洒在河面上，与田关岛水利枢纽工程交相辉映，清新亮丽；夕阳西下，在田关河与东荆河交汇口能够看到“落霞与孤鹜齐飞”的绚丽美景；农历十五月圆时，腾龙湖面平静如镜，皓洁的秋月当空，月光与湖水交相辉映，一幅“平湖秋月”的胜景展现在眼前。

景区四面环水，绿树成荫，空气新鲜，鸟语花香，动植物种类丰富。

东荆河、田关河宛如一条玉带将这个绿色小岛包裹其中。岛上草木花卉丰茂，林间道路蜿蜒幽深，一片清新自然景象。杜鹃、月季、菊花、

荷花等点缀于泵站小岛之上，一年四季花开不断。

阳春三月，春暖花开，红梅园红梅率先报春，深山含笑带的含笑花灿烂开放，红白紫三色玉兰花遮天蔽日。景区最负盛名的当数重点打造的樱花花海，种植了不同品种樱花近万株，樱花如雪，却比雪还美；樱花似云，却比云还要纯洁。布满小岛的樱花，让人仿佛置身童话世界，忘却了一切尘世的烦恼。情侣路边，初抽绿枝的柳树迎风摇摆，婀娜多姿；河堤岸边，栀子花散发出的清香扑鼻而来；河对岸，万亩油菜花一片金黄，五千余株红叶红满枝头，三十万株杜鹃争奇斗艳；两千株栀子花香飘半岛……游人可在这里自由自在观赏百花，也可沿樱花、杜鹃、栀子花和彩林四大景观线路重点观景，与自然融为一体。

金秋十月，整个景区层林尽染，叠翠鎏金。到了傍晚，秋风飒飒，牧笛阵阵，芦花飞扬，环岛一周的银杏大道边上，满树的黄叶在阳光的照耀下犹如武士身上的片片金甲，丹桂散发出的清香使人心旷神怡，一片片的红叶像云霞一样灿烂。

自2016年以来，景区已成功举办两届樱花节和杜鹃节，这里现已是潜江市民休闲度假的首选目的地，成为潜江市的一张亮丽的休闲旅游名片。

引人心动的旅游资源

景区配套建设了各类服务和游乐设施，游客可以在狂乐堡感受狂欢的滋味，也可参与滑索飞度体验心跳的感觉，还可自选游乐或拓展项目释放澎湃的激情。

游客还可以在这里播种“希望”，在水乡风情之农耕岁月区找寻农耕文明的影子；还能大饱口福，品尝“春天五野”的新鲜美味；也可以体验渔樵生活，体会捕鱼捞虾的欢乐，享受春天野鱼的味道。

景区水利设施集中，农村安饮工程、涵闸工程、泵站工程、输变电工程、水利清污机械和堤防工程六大现代水利工程，也成为重要的展示区。这里还建成了潜江市唯一的青少年保护水资源教育基地，每年会同当地学校一起对青少年进行水资源、水生态、水工程保护、环境保护、红色文

化以及水利基础知识教育，前来参观学习人数达1万多人，增强了青少年爱水、节水、惜水、护水的意识。

不仅如此，田关岛水利风景区还凝聚着一部红色水利史。相传贺龙曾在此地亲自下水探摸情况，主导水利建设。1931年9月，贺龙率红三军第九师第二十五、二十六两个团与两万多民工修建东荆河田关防汛堤段，这段大堤被后世誉为“红军堤”，佳话流传至今。至今，红军闸、红军堤、贺龙亲笔题词的纪念碑等革命遗址犹在，还有英雄战机展览等，让田关岛水利风景区又成为典型的革命历史教育基地。

近年来，岛上水上乐园、儿童乐园等相继开园，运动场馆和拓展训练区也正在筹建之中。

2018年，景区完成了建设规划，市旅游部门也将景区纳入“潜江吃虾、赏花一日游”精品线路。下一步，景区将以打造四季花岛为主攻方向，尽快实施完成整个建设规划，不断提升景区品质。

打造“花园式水利工程”

田关岛水利风景区规划面积18平方千米，其中水域面积2.2平方千米，属自然河湖型水利景区。按照打造“花园式水利工程”的总体思路，不断加大投入，景区品质得到了全面提升，游客数量迅速增加，有力地推动了景区的发展。

景区按照“规划先行、安全第一、保护优先、人水和谐”的原则进行规划设计，以水资源、水生态、水工程保护、水利科普、生态观光、休闲度假为主要功能，着力突出生态观光、水利科技、红色文化和健身游乐四大游览主题，努力将田关岛水利风景区打造成湖北省唯一具有“百花”特色的国家级自然河湖型水利风景区、湖北省水情教育基地、潜江市中小学生文化科普基地。

根据景区内资源特色、水利风景资源分布特征以及土地利用规划性质，将景区的总体布局确定为“一轴一环七区”，共同拉动水利风景区的整体发展。“一轴”，指水利文化观光轴，即从北侧主入口至南侧变电站之间的景区，主要包含田关闸、红军堤、田关泵站、变电站等水利工程，整条轴线贯穿了田关岛水利工程的主要景点。“一环”，指百花环，即环岛绿道。“七区”，指入口门户区、文化展示区、科普拓展区、水上游乐区、度假接待区、游憩休闲区和生态保育区。

链 接

湖北省潜江田关岛国家水利风景区位于潜江市周矶办事处，景区距潜江市区和江汉油田8千米，距汉宜高铁潜江站14千米，距沪渝高速公路13千米、随岳高速25千米，距荆州城区55千米，距武汉市130千米，对外交通便捷。

魅力“东方莱茵河”

——湖南省株洲湘江风光带国家水利风景区

蜿蜒千里的湘江水静静地流淌着，孕育了厚重灿烂的湖湘文化。南方工业新城——株洲，雄踞湘江中游，湖南省株洲湘江风光带国家水利风景区横穿株洲城区，为株洲平添了一幅充满诗意的画卷。

金沙碧水呈丽色，画韵诗情畅幽怀。湘江，滔滔南来，又汩汩北去，蓝天辽阔，碧波潋滟，如蛟龙般蜿蜒前行，流过码头港埠的盛衰荣辱，见证工业文明的持续发展，成就株洲人民的美好家园，奏响“东方莱茵河”的交响华章。

魅力山水，孕育生态绿道

株洲湘江风光带国家水利风景区贯穿株洲城区，两岸青山起伏绵延，由南至北有枫溪港、建宁港、白石港等支流汇注，随江水形成“滩涂景观”和沙滩美景。站在湘江之畔，隔着茫茫湘水眺望，苍翠的群山在水波浩渺间，若隐若现，随波起伏。两岸建筑如林，白沙如雪，垂柳如丝，好一幅现代水城美景。夜晚则灯光璀璨，清风徐来，水波不兴。

风景区沿岸多河谷平原，余皆为低丘陵区，丘岗溪谷交错。两侧山形起伏绵延，东岸从北至南分布着石峰山、奔龙山、月形山、曲尺山，西岸从北至南分布着卧虎岭、凿石山，风景瑰丽优美。

风景区地处亚热带，植物种类繁多，共有植物品种 240 余种，物种丰富，称得上是株洲的生态植物园。风景区沿岸保留了原有的植物群落，

补充了很多本土植物，在保护原有环境体系的基础上，根据其自身特色和自我演替规律，形成了"绿色江滩"与"生态走廊""锦绣画廊"。

远眺，有袅袅江水，渔舟泛波；近观，有池湾沙滩，花草奇石……步移景易，让人流连忘返。

虹桥卧波，谱写流金水岸

美丽湘江，穿行城区，成就了株洲的独特魅力。桥，见证株洲这座古老而年轻的城市加速奔跑的足迹，从株洲大桥到石峰大桥、天元大桥，再到芦淞大桥，株洲一路疾行。站在桥上看风景，湘江蜿蜒，像潜行的蛟龙，城市的繁荣尽收眼底。

风景区所依托的株洲沿江防洪景观道路工程，是湖南省打造湘江"东方莱茵河"重要区域之一。2012年9月5日，株洲湘江风光带工程，被国际风景园林师联合会(IFLA)授予亚太区土地资源管理杰出奖，这是全球风景园林领域最高荣誉奖项首次落户湖南。2016年10月28日，湘江风光带荣获省级水利风景区称号，2018年获批国家级水利风景区。

株洲作为时尚之都，城区市民的水岸休闲、美食休闲、夜间娱乐休闲、运动康体休闲等都市休闲活动丰富多彩，沿江布置的美食街、酒吧街、自行车绿道等，成了市民休闲的首选之处。两岸建筑天际线错落有致，建筑群落充满了现代气息，整体呈现了"山水融城、清新现代"的都市风情。

隽永历史，描绘诗意画廊

株洲湘江两岸历史文化资源丰富，有杜甫草堂、庆霞寺、资福寺、鲁班殿、清真寺等历史文化和宗教建筑，也有白石老街渔村、神农阁祈福等文化景观。临江而立的山峦、港湾、寺庙，无不在诉说着古老的湘水故事，浸润着湖湘建宁不老的传说。

与历史对话，穿梭于千年的时空印记。

聆听“神农采药遇金龙、舜帝马铃落石峰、朱张共建分袂亭、朱毛会师于炎陵”等经典传奇，资福千年古刹的钟声、鲁班殿戏班说唱与清真祈福共响，传唱诗圣杜甫夜宿凿石浦留下的千古名句。

寻湘水之魂，感悟流淌的文化血脉。

沿水而居的民俗形成了特有的地域饮食、时尚的休闲生活、缤纷的多彩节庆和多元的艺术文化。在这里，或可探秘美食小店，品尝湘味，大快朵颐；或可骑行滨水绿道，挥洒汗水，激情飞扬；或可流连木屋清吧，把酒临风，对月当歌；或可闲庭露天广场，轻歌曼舞，自在徜徉；或可畅游湘江，感受水上旅游之乐。

绘天工画卷，惊叹于现代的鬼斧神工。

“城市之门”展示株洲印象，各种机车见证工业文明，纪实浮雕讲述株洲故事，航模广场放飞梦想希冀，露天剧场感受湘水音律，永利码头龙门吊下体验辉煌，五座大桥如蛟龙过江各具特色，金色沙滩尽享温馨时光，柳影石径下渔舟唱晚。

保护湘江，抒写生态赞歌

湘江，株洲的母亲河，它的保护和治理，被确定为湖南省“一号重点工程”。株洲全面开展湘江流域的保护与治理，提出实施三个“三年行动计划”。

在“全国第二批水生态文明城市建设试点城市、全国第一批河湖管护体制机制创新试点城市、国家园林城市、国家森林城市、国家卫生城市、全国节水型社会建设示范区”等数座奖杯熠熠生辉的荣耀下，株洲湘江保护和治理第一个“三年行动计划”完美收官，第二个“三年行动计划”继续推进。

株洲市按照“一河一策、一湖一策”的要求，全面推行湘江河长制工作，实现景区江河湖泊全覆盖，落实河湖管理保护责任，建成景区河湖健康保障体系和管理机制，严查排污排废口，坚决清除黑水、臭水河，继续强化饮用水区域保护，加强湿地生态保护，以确保实现“水清、河畅、岸绿、景美”的总体目标。

河长制的大力推行，江岸绿化、防洪工程、“三废”处理、水质达标、饮用水源保护生态治理工程、水源热泵系统、直饮水设备等行动和措施，见证着株洲湘江风光带水利风景区保护湘江、治理湘江的决心。株洲人坚持环保护水的理念，守护着自己的母亲河，让湘水变得更加健康和美丽。

链接

湖南省株洲湘江风光带国家水利风景区距长沙市约 52 千米、距湘潭 20 千米，沪昆、京港澳、长株高速和武广、沪昆高铁等可达，京广、浙赣、湘黔三大铁路干线在这里交会。风景区距离株洲火车站仅 1 千米，距离株洲西站仅 8 千米，城市主干道密集，区位交通十分方便。

彝家风情安宁湖

——四川省凉山安宁湖国家水利风景区

在中国的西南方，有一片美丽的安宁河平原，历史悠久的安宁河，是滋养这片土地的母亲，千百年来养育着沿河的儿女。在安宁河流域的源头，有一片灵秀之地，它以雄壮的水利工程、动人的红色记忆和亮丽的湖光山色，成为人们心中的乐土。它，就是四川省凉山安宁湖国家水利风景区。

安宁湖位于四川省西南部，是沟通冶勒自然保护区、卫星发射基地、彝海风景区、灵山寺景区的重要连接点，是未来西南地区区域旅游的重要组成部分。

功劳卓著的“大桥水库”

从有记载开始，安宁河平原就光热丰沛，农业发达，但水患不止。1992 年，国家计委正式批准兴建了四川省重点水利建设项目——大桥水库（也就是后来的安宁湖）。

水库为综合性Ⅱ型水利工程，枢纽工程主要由拦河坝、副坝、岸边开敞式溢洪道、放空排沙洞、引水隧洞、调压井、电站厂房等组成；主坝为钢筋面板碾压堆石坝，最高坝高93米，工程质量优良。水库在预防水患方面成就斐然，而且为工业和城镇居民生活提供了大量用水。

站在高高的大坝上，极目远眺，烟波浩渺，云蒸霞蔚，水天一色。泛舟湖面，两岸的风景秀美，鸟儿掠过水面，让人心旷神怡。

随着工程设施的完善和水土环境的治理，大桥水库逐步变成了一个被青山绿水环抱的水利工程。巧夺天工的工程建设与自然环境的组合，让水利设施与自然环境相依相容。这使得大桥水库渐渐从一个著名水利工程转变成为风景如画的亚高原淡水湖泊。湖泊与四周山水相连，风光秀美，成就了今天的凉山安宁湖国家水利风景区。

安宁湖国家水利风景区以水域为中心，湖体南端为国家级水利设施和移民新村，东侧河流区域湿地处多珍稀鸟类，河岸山坡上坐落着具有较好审美价值和历史底蕴的结盟古道。湖体北部则分布有湿地草场。西南端分水岭处则是阿嘎拉玛雪山，其最高海拔4603米，山顶常年白雪皑皑，有古冰川海子相伴，是低纬地区少有的有多年积雪景观之地。

山环水绕的湖区美景

安宁湖位于安宁河上游源头，这里湖光山色交相辉映，10余个大小岛屿镶嵌其中，春花秋月，青山平湖，风光无限。岛上的果园飘香，水中鱼跃蛙鸣，让游人流连忘返。

安宁湖的风景是一卷“山”和“水”的画卷。它有浓墨重彩的阿嘎拉玛雪山和宁源草原，也有作为精致点缀的下鄂基半岛。如果你想感受草原，宁源草原一定不会让你失望，近千亩的草海湿地，蓝蓝的天空下，一匹骏马，一片草原，悠扬的彝家牧歌，会将你拉入童话般的世界。

景区注重加强生物多样性保护，开展了生物物种资源现状调查和评估，建立了珍稀、濒危及特有野生动植物保护小区，有效保护了栖息地。

另外还启动了生态廊道建设，提高了生态保护区域连通性。

景区内河道水质清澈，碧波荡漾，花草树木错落有致，是野生动物的理想栖息地。特别是河道两岸的湿地、树林、草坡，为鸟类提供了舒适的家园。这里栖息着黑鹳、灰鹤、鸳鸯、秋沙鸭、斑嘴鸭、野鸭等珍稀候鸟。黑鹳是一种体态优美、体色鲜明、活动敏捷、性情机警的大型鸟类，是国家一级保护动物。黑鹳成鸟的体长为1—1.2米，体重2—3千克，羽毛除胸腹部为纯白色外，其余都是黑色，在不同角度的光线下，羽毛可以变幻出多种不同的颜色。每年的5月，有几百只黑鹳迁徙来安宁湖。

流传久远的红色文化

这里也是红军长征路上的一个重要节点，红军领袖和彝族头人结盟的故事在这里久久传颂。在安宁湖上游源头的彝海结盟纪念馆，也详细地记述着这一故事。

在红军长征到达这里的时候，冕宁彝族果基部落的头人小叶丹叔侄从峨瓦出发到达彝海，在彝海边与刘伯承将军“歃血为盟”，结拜为兄弟。之后一道沿苗冲河岸走到大桥场，设宴祝贺结盟。红军将一面书写着“中国彝民红军果基支队”的锦旗授予果基小叶丹。而这场结盟关系到当年红军的前途与命运。这里有一条“结盟古道”是“彝海结盟”的见证，具有重大的历史文化纪念意义。

勇敢、真诚的彝族同胞，不仅给红军提供了粮食，甚至有数千彝人因此付出了生命。为了纪念这段红军漫漫长征路上浓墨重彩的一笔，安宁湖的“结盟古道”被保留下来，有不少游客慕名而来，沿着这条路瞻仰着革命前辈们的光荣历史。

彝家老人们会用彝海结盟的故事教育后辈，将质朴奋进和勇敢热诚的红军精神融入民族的血液。安宁湖独特的彝家风情和红色文化，成为本地人文特色发展的主题。每每夜幕降临，彝家人生起篝火，用当年款待红军的香甜美酒和特色美食来接待四方宾朋，一起载歌载舞，彰显了安宁湖厚重广阔的别样胸怀。

景区内有八个彝族村寨，有一万多人散住其中。这八个自然村落随山就势，高低错落，是典型的彝族民居。这里的彝族文化特色非常鲜明。彝族特色美食让游客大饱口福，国家非物质文化遗产——彝族漆器、银饰、服饰等传统手工艺品让游客爱不释手。火把节、彝族年、“密枝节”“跳歌节”等民俗都具有浓郁的彝族风情。彝族民间的斗牛、斗羊、斗鸡、摔跤和射箭等体育竞技活动则精彩激烈，看过之后让人难以忘怀。

链接

四川省凉山安宁湖国家水利风景区位于凉山彝族自治州冕宁县大桥镇，距离108国道、雅西高速公路干线公路直线距离仅5千米；景区位于四川三大旅游经济带之一的“成雅攀旅游经济带”腹心地带，地处攀西阳光度假旅游区、峨眉山—乐山优先旅游区和川西自然生态旅游区交会部位，属于成都4小时旅游圈范围。

中国山水 1902

诗意山水 五彩巴中

——四川省巴中柳津湖国家水利风景区

“江送巴南水，山横塞北云。津亭秋月夜，谁见泣离群？”

这首诗是王勃谪居巴中时所作的《江亭送别》，咏津亭而惜别折柳，在江亭（现柳津桥）边折巴柳赠送友人，表达依依不舍之情，巴中柳津的情与缘即源于此。

柳津湖得名于巴河柳津桥，古代柳津桥是外界进入巴中的一大渡口，河边柳树成行，来往船舶不断，旅客络绎不绝。

巴河溶溶，水通荆楚之利；米仓巍巍，栈出三秦之境。巴河源于米仓山，孕育滋养着巴中城。在碧水东流的巴河岸边，在被称为“秦巴明珠”

的巴中城畔，有这样一个山环水绕、白鹭逐飞的充满灵秀与诗意的地方——四川省巴中柳津湖国家水利风景区。

巴山下的原生态秘境

柳津湖国家水利风景区所在的巴中市是一个“青山环抱，绿水穿城”的生态市，具有畅通发达的水系和舒适宜人的生态环境。

巴中地处南北交会地带，北依秦岭，背靠大巴山，森林覆盖率达 56% 以上，山地占幅员面积的 90%。特殊的地理环境孕育了巴中奇特的地质气象景观、丰富的动植物资源、良好的自然生态环境，被誉为秦巴山下的原生态秘境。

巴中境内有光雾山—诺水河国家级风景名胜区和国家地质公园，有米仓山、空山、天马山、镇龙山国家森林公园，有大小兰沟、宝光山、五台山与平昌驷马湿地，有神门省级风景名胜区。

青山拥碧水，明潭抱绿珠

随着巴河景观闸建成蓄水，自大佛寺至李家湾形成14千米长的河道景观带，包含回风文化公园、中交运动公园、巴河廊桥等景观节点，柳津湖水利风景区初具雏形。为进一步落实巴中市“城在山中建，水在城中流，楼在林中立，人在景中游”的自然人文和谐发展目标，柳津湖水利风景区还将江北的望王山运动公园、巴人广场，江南的南龛文化产业园、川陕苏区将帅碑林、晏阳初文化公园、草坝街等景点纳入风景区范围。

通过柳津湖水利风景区的有机串联，各风景资源既各有主题特色，相互独立，又相辅相成，互有联系，共同勾勒出“青山拥碧水，明潭抱绿珠”的迷人盛景，柳津湖水利风景区资源条件、文化内涵进一步丰富。

回风文化公园占地面积3.2万平方米，以回风亭为核心建筑地标，按照沿河景观一体化设计打造。公园以滨河生态木栈道为主题，串联起回风广场、历史记忆长廊、时尚休闲长廊、柳津桥头广场等节点。

中交运动公园位于晏阳初大道与巴河之间，是1250米沿河生态景观绿廊。羽毛球馆、观景平台、休闲座椅遍布其中，园林景色令人流连忘返。散步河堤，宜人的风景、清爽的河风让人心旷神怡。

望王山运动公园位于巴中市城北望王山，据传因“唐章怀太子常登此山以望京阙”，故名望王山。占地面积1500亩，修建有登山步道2000多米，新建了健身步道、网球馆、羽毛球馆、篮球场等，是一处以运动为主题的城市山地森林公园。未来望王山登山梯步将与三号桥、巴人广场、南龛坡上山梯步连成一条轴线，成为巴中的城市中轴线。

南龛文化产业园则是一处以宗教文化、红色文化为主题的园区。南龛摩崖造像是全国重点文物保护单位，始创于南北朝，增镌于唐朝。造像是以佛教为主的宗教艺术，有“全国盛唐彩雕第一”之称，是古代石窟艺术的优秀代表。川陕苏区将帅碑林是全国最大的红军碑林，主要由红四方面军主要将领纪念像园、碑林长廊、红军将士英名纪念碑、红军陵园、楹联长廊、将帅碑林纪念馆等14个景点构成，是全国爱国主义教育基地。

晏阳初文化公园位于景区东侧的塔子山上，由公园展览馆、雕像、白塔和绿化园区构成，园内绿树掩映，花团锦簇，鸟语花香，是巴中市青少年爱国主义教育基地。

巴中文化醉美景

柳津湖、巴文化是柳津湖水利风景区核心的风景资源。景区致力于以柳津湖、南龛山、望王山形成的两条城市景观轴线为载体，以运动康养为特色，以“巴文化”为灵魂，打造集运动康养、文化体验、生态宜居、休闲娱乐、商务度假、科普寓教于一体的全国知名的城市河湖型、文化主题式的水利风景区。

对文化资源的有效发掘与整合是景区发展中的重要一环。

景区内的回风文化公园、望王山运动公园、南龛摩崖造像和晏阳初文化公园等景点，都充分挖掘了巴中历史中的人文要素，是美景与历史相融合的产物。人在景中游，同时也濡染在深厚的历史文化氛围中，接受优质文化元素的熏陶。

另外，巴中传统美术、书法、音乐、舞蹈、戏剧、曲艺、杂技等类别众多。绘画有年画、版画、壁画、风俗画、宗教画等；雕塑有石雕、木雕、骨雕、竹雕、皮雕等；工艺有刺绣、织染、纸扎、糖塑、编织等；音乐有山歌、号子、小调和管乐、弦乐、打击乐等；舞蹈有节令舞、礼仪舞等；曲艺有说书、说唱、清音、扬琴等；戏剧有川剧、傩戏、灯戏等；杂技有古彩戏法如上刀山、下火海、滚油锅等。

岁月已逝，精神永存。巴文化深植于民间文化之中，构成了巴中深厚的人文积淀。那些迷人的神话故事、民间传说仍在代代讲述，那些悠远的民歌仍萦回在我们耳畔，那些或刚健或柔美的舞蹈仍涌动着生命的激情，那些传统的技艺仍进行着视觉、味觉、触觉等多维度的美学表达，那些民俗节庆仍释放着人性的狂欢……

链接

四川省巴中柳津湖国家水利风景区位于巴中市中心地带，国道G244、G245、G542、G347穿境而过，“四纵四横一航”综合交通体系顺利推进，成巴、巴广、巴南、巴达高速和巴成、巴达铁路建成通车，巴陕高速正在加快建设，巴中机场也已经开工建设。巴中市旅游的可进入性正迅速提高。

侗家风情地 水韵白岩河

——贵州省铜仁白岩河国家水利风景区

这是一片野性未泯的土地，这是一条个性鲜明的河流……贵州省铜仁白岩河国家水利风景区就诞生在贵州铜仁的这片山奇水秀之地。

白岩河水库镶嵌在大山之中，宽广的水面，幽静的山峦，清澈的湖水，闪烁的波光，令人赏心悦目，将游客带入物我两忘的意境中。

白岩河国家水利风景区位于铜仁市玉屏县田坪镇，依托白岩河水库(中型)工程，属于水库型水利风景区。景区面积24.81平方千米，水面开阔，植被丰茂，将军岩绝壁、将军峡谷、汆水洞叠瀑、天生桥等自然景观特色鲜明，侗族家风雨桥、古楼等人文景观民族风情浓郁，是集餐饮、住宿、娱乐休闲、户外运动、科学教育为一体的综合性水利风景区。

瑰丽美景尽显“将军”风度

将军峡谷，河水穿行于两山之间，长2千米，两岸鬼斧神工，悬崖对峙，山峰起伏，船在水中走，人在画中游，风光独具一格。

汆水洞叠瀑位于车坝河与白岩河交汇处，瀑水从大小交错的汆水洞涌出，成线、成条、成片，顺着落差100米的地形冲下，各出其洞，各行其道，形成叠瀑群。

白岩峡谷，一条古河道遗址，河谷两岸悬崖峭壁，河床植被茂盛，由新造山运动，山体抬升，河水下切而形成。

将军岩，是天地造化，立地成人，体态神形兼备，如将军点兵。这里四处绝壁，独得一片天地。

耶稣光，在白岩河国家水利风景区时常出现。在雾天、阴雨多云天气时，太阳透过云隙“探头”时，阳光形成肉眼可见的光路，画面具有神圣静谧之感，这种现象叫耶稣光，也叫丁达尔效应。

白岩河水利风景生态植被较好，森林覆盖率46.50%，针叶林沿湖展布，阔叶林兼有映衬，山风吹过，山水联动，生机勃勃。这里的野生大鲵是国家一级保护动物，濒危物种穿山甲也时有出现。

“油茶之乡”的地域景观

玉屏是总理亲笔题名的“中国油茶之乡”。所到之处，茶树成荫，连绵不断，金秋季节，果实累累，

入冬之季，花满枝头，漫山或白或红，蔚为壮观。

白岩河水利工程的主体工程筑于两山峡谷之间，为混凝土面板堆石坝，坝体科学、美观。附属工程由溢洪道、岸塔式取水口、取水隧洞、导流洞以及 86 千米灌溉渠组成。

侗族家风雨桥，亭阁重檐而上，葫芦宝顶，鳌鱼檐角，锦鸡护脊。两边长廊有万字栅栏，建筑工艺精致，造型优美，雅俗共赏。

侗家民居背靠山，面向田园，山高屋低，错落有致，呈现出一片乡野田园风光。

侗族的服饰别具一格，妇女穿青色百褶裙，打绑腿；或穿长裤，束围腰，系飘带，足穿云钩鞋；春冬穿右衽无领衣，夏秋改着开襟衣，衬胸襟；头盘髻，包青布大包头，喜银器。侗族崇拜祖先，供奉“祖母”“萨岁”女神。

侗族特色的民俗风情

玉屏箫笛名扬海外，在中国乐器中独树一帜，多次在国际上获奖。

傩戏傩技文化是一种集民族、宗教、舞蹈、历史、艺术、杂技为一体的艺术，在玉屏民间广为流传，被称为艺术中的活化石。傩戏傩技表演惊险刺激，具有很高的观赏性，多次在国内外重大活动中表演。

白岩河国家水利风景区有湖泊、溶洞、河流、瀑布、峡谷、化石以及乡野气息浓郁的田园风光，景观类型多种多样。这里生态良好，民族风情浓郁，具有显著的地域文化特色。其自然与人文、生态与文化交融，组合景观优良，是打造居民休闲、度假、康健产品的优质资源。

链接

贵州省铜仁白岩河国家水利风景区所在的玉屏侗族自治县素有“黔东门户”之称，是贵州“东联”发展战略的“桥头堡”。有湘黔株六复线铁路、昆沪高铁、上瑞高速公路、320 国道及 201 省道穿城而过，距铜仁凤凰机场、湖南芷江机场 1 小时车程，距贵阳龙洞堡机场 3 小时车程。

滇中明珠蜻蛉湖

——云南省大姚蜻蛉湖国家水利风景区

在滇中腹地，有一处风景如画的地方，那就是有着“核桃之乡、滇中铜都、祭孔圣地、教育名县”之称的大姚县。极具文化特色与生态价值的云南省大姚蜻蛉湖国家水利风景区，犹如一颗璀璨的明珠镶嵌在大姚县城。

蜻蛉湖国家水利风景区依托西河修建了蜻蛉湖、永丰湖、白塔湖、东塔湖四处湿地，四座湖泊镶嵌在西山、白塔山、南塔山之间，串联起“西河—南河—蜻蛉河”河湖水系，城水相依、双河抱城、河湖一体、碧水灵动的城市风貌逐步形成。

风景如画的蜻蛉湖

蜻蛉湖国家水利风景区内，永丰湖、蜻蛉湖、白塔湖、东塔湖等水环境优美，湖泊、河道、湿地等水景观相映成趣。

大姚境内山脉属云岭余脉和川西大雪山余脉组成的山系，以中部昙华山为中心，呈放射状向四周延伸，其间有大百草岭、小百草岭、目内兹梁子等大小山脉 12 条，形成北高南低的塔状地形。风景区周边有紫花山、老尖山、平山、老西山、文笔峰等，山川秀美。

景区内生态环境宜人，风景如诗如画，森林资源丰富，是生物的理想栖息场所，植物种类及野生动物种类繁多。

据统计，大姚县的稀有珍贵植物有红豆杉、秃杉、荷木；野生中草药材500多种，其中茯苓、黄连、黄芩、防风、苦良姜、珠子参、首乌等出产丰富；国家一级重点保护动物有华南虎、云豹、虹雉、红腹角雉、黑颈鹤、赤颈鹤、白鹤、蟒等。

文化名邦的蜻蛉湖

大姚县是著名的“中国核桃之乡”、中国首个核桃生物产业基地、西南核桃交易中心，并且是中国彝剧的诞生地，是中国云南省省级园林县城，素有“三乡露铜”“五井喷盐”“文化名邦”之说。

大姚是以昙华十八月历为标志的彝族文化、以石羊孔庙为标志的中原儒家文化、以金碧唐代白塔为标志的印度佛教文化三大历史文化的交会点，是传统制盐文化和金马碧鸡传说的发源地。石羊镇被列为第一批省级历史文化名镇，昙华乡被文化部命名为“中国民间艺术之乡”。

大姚县历史悠久，曾是南方古丝绸之路的重要通道，历史上各民族南来北往，各地客商东出西进。现有民族达22个之多，中原文化、印度文化、民族文化三大文化汇聚于此。

县域内各民族中民风民俗最具特色的是彝族和傣族。彝族婚俗礼仪神奇有趣，现在还保留着串寨、对歌、跌脚选偶、姑娘房、哭嫁、背新娘、搭青棚、满月酒等习俗。彝族自古就有热情好客的传统美德，尤其是在隆重的场合，

对尊贵的客人要吹大号，唱酒歌，献上著名的“三道酒”礼节。

生态至上的蜻蛉湖

大姚县从实际出发，在生态文明建设中，充分利用各类水利资源，综合施治，持续推进蜻蛉湖水利风景区建设，提升生态水平，普惠群众。

在西河与小南河河道治理中，大姚县统筹水务、住建等部门，把河道治理与县城的规划绿化建设有机结合，把河堤建成绿色通道，在河道边种植经济林木；持续加大对河道的清淤除污和日常管理力度，使河道的生态环境日益好转，成为城乡的绿色风景线；强化水环境保护，持续开展水体水环境治理，认真落实水土保持措施。致力于建设“生态河”，筑起一道优美的风景线。

生态兴，则文明兴。经过不懈努力，今天的蜻蛉湖水利风景区旧貌换新颜，景区内处处山清水秀，环境清幽，生态环境质量逐渐改善。白鹭、钳嘴鹳等一大批候鸟来到蜻蛉湖水利风景区，成为县城一道亮丽的风景。

链接

云南省大姚蜻蛉湖国家水利风景区距彝州第一高峰百草岭80千米，距县华山景区45千米，距有着西南第一高瀑美誉的三潭瀑布24千米，距云南省级历史文化名镇石羊古镇30千米，是通往大姚各旅游景区的核心节点，旅游区位优势明显。

陕南"奇观"数任河

——陕西省安康任河国家水利风景区

它澄澈，明净，纤尘不染；它优雅，高贵，清丽脱俗。

一条蜿蜒流动的河，衍生在峡谷坚硬的腹地。乘着橡皮艇顺流而下，天高水长，阳光普照，万里碧空如洗，四面青山环绕；河道曲折，峡谷幽深，河水在河床上撞成雪浪……人徜徉在景区内，多了几分从容，少了几分浮躁。

所谓“天下奇观何其多，不及秦巴一任河”。

任河是一处自然河湖型水利风景区，更是一条战略要道，是陕南安康出入四川最重要的一条通道，经汉江入任河，河口的瓦房店码头成了客商云集的重要地方，繁忙的水陆通道也让这里得名“小汉口”。

它，成就了陕西省安康任河国家水利风景区。

“率性而为”的多彩任河

任河发源于城口县大燕山，全长 211 千米，在紫阳县汇入汉江，是汉江上游最大的支流。任河地处巴山秀水之间，两岸群山连绵起伏，风光绚丽秀美，河水清澈明净，舒缓有致。任河又是一条率性而为的河流，它不遵“天下河流皆朝东”的规律，一入紫阳便转向东北，成为一条全国最长的倒流河。

景区内有大河、溪流、湖泊、湿地等水文景观，环境优美，河湖泉瀑资源丰富，地文景观千姿百态，有如鬼斧神工，妙趣横生。举目而望，危峰幽壑间，山峦叠翠，丘陵起伏，群山争雄，有的又似睡美人斜卧，婀娜多姿。

依托优势水利资源，景区开发了任河漂流。

任河漂流从高滩出发，顺河漂流而下，直至权河。全程 7 千米，有大小险滩 9 个。任河水道水流有急有缓，两岸群山连绵起伏，风光秀美。漂流全程虽然惊心动魄，但却是有惊无险，奇诡险峻，惊险刺激。河道沿途谷狭滩险，水碧峰奇，宛如丹青妙笔之下的写意山水画，观之让人心旷神怡。任河漂流有“陕西第一漂”的美称。

任河国家水利风景区内，生物资源得天独

厚。以茶叶、蚕桑、柑橘、杜仲、党参、厚朴、天麻、绞股蓝、山野菜等为主的植物资源，在全国久负盛名。这里河水温度变化小，适宜鱼类过冬，出产多鳞铲颌鱼、大鲵等珍稀鱼类，被农业部批准为第六批国家级水产种质资源保护区。

“紫气东来”孕育任河文明

任河水利风景区位于陕西省安康市紫阳县境内，紫阳位于秦岭之南、巴山北麓、汉江上游，因道教南派创始人张伯端（道号“紫阳真人”）曾在此修行悟道而得名，意为“紫气东来，阳光普照”，是全国唯一以道教名号命名的县。

紫阳县境内山清水秀，风光旖旎，多种文化交融，山水自然风光和地域特色文化在这里相得益彰。紫阳民风淳朴，茶文化、道教文化、民歌文化、汉水文化、板石文化造就了紫阳丰厚的文化底蕴。

自南向北，景区内除了新建的任河漂流，最有分量的当数木兰峡、五省会馆两个颇具文化韵味的旅游景点。

木兰峡又名三十里峡，位于任河上游毛坝镇，是任河所有峡谷中最奇诡、最壮观的一个峡谷。这里峡谷幽深，百瀑飞驰，奇峰怪石，令人目不暇接。激流奔泻 70 里，一路形成 28 个险滩；还有纤夫蜀道、船规石刻碑、摩崖字画、张飞桥等众多人文景观。被称为“天路”的竹山公路的修造更是使“竹山精神”声名远扬。

北五省会馆位于瓦房店，地处川陕要道，明清时期成为汉江中上游地区重要的水运码头和商品集散地。最盛时，在这不足一平方千米的山坡河滨之地建立了 6 座会馆、5 座庙宇，现存有北五省会馆、川蜀馆和江西馆。北五省会馆是现存较为完整的一个，整个会馆建筑选材用料考究，雕梁画栋，彩檐、木刻细腻精湛。会馆保留的壁画是目前陕西发现的最大的一处清代建筑壁画，其规模之大、保留之完好、艺术之精美在全国也属罕见。

“生态为根、文化为魂”的旅游品牌

近年来，紫阳县编制完成全域旅游和重点区域旅游规划，任河漂流、五省会馆、硒茶小镇、文笔山等重点旅游项目快速推进，倾力打造以生态为根、文化为魂的“汉江画廊、茶歌紫阳”旅游品牌，现代服务业持续壮大。

在景区不断发展的新形势下，如何保护好景区生态，合理利用好众多的景区资源，就成为景区管理者面临的重要问题。

任河水利风景区是南水北调中线工程水源涵养区，紫阳县持之以恒优环境、强生态，树立“绿水青山就是金山银山”的理念，实行最严格的生态环境保护制度，铁腕保护汉江流域水质安全，扎实推进环保设施建设和林业生态工程，全面开展农村环境综合整治，实现集镇污水、垃圾处理设施全覆盖，汉江水质持续稳定达标。同时，通过水域治理、河道治理及水土流失综合治理等措施，景区在水资源和水环境保护、水生态修复等方面取得显著成效。

紫阳县十分重视汉江水运文化的挖掘，启动了对景区内北五省会馆、纤夫蜀道、船规石碑等代表汉水文化的历史文化遗址遗迹的保护性开发利用，着力弘扬任河水利风景区内汉江水运文化。

目前，任河水利风景区处片区项目已经完成投资近1亿元，建成了任河漂流上下漂流码头2座、游客服务中心、儿童游乐场和生态停车场，修复了北五省会馆、文化广场等设施。其中游客服务中心设施设备齐全，能够为游客提供完善的咨询、接待、餐饮、住宿等服务。

同时，景区还积极配合景区周边乡镇、村组“精准扶贫”工作的开展，共带动景区周边的高桥镇、高滩镇、向阳镇5个村数百户百姓增收脱贫致富。

链 接

陕西省安康任河国家水利风景区区位优势显著。G65包茂高速和310省道纵向穿过景区，距离安康1.5小时、达州2.5小时、西安3.5小时、重庆4.5小时、湖北十堰4.5小时，与安康、达州、西安、重庆、十堰等地形成“半日交通圈”，交通非常便捷。

七彩鲤鱼河 秀美新华坪

——云南省丽江鲤鱼河国家水利风景区

华坪县位于云南省西北部、丽江市东南部、金沙江中段北岸，东接四川省攀枝花市，南望滇中腹地楚雄，西通国际旅游城市丽江，北与享有“女儿国”之称的宁蒗县毗邻。

华坪先后荣获“云南省园林县城及文明城市、云南省杧果种植第一大县、云南省高原特色农业示范县、全国有机晚熟杧果示范基地、全省清洁载能产业发展基地”等称号。

云南省丽江鲤鱼河国家水利风景区就位于这座具有亚热带景观特色的山水园林文明县城。

鲤鱼河美景撩人心魄

清晨的鲤鱼河微波粼粼，霞光闪烁，河面氤氲升腾的雾气犹如仙女的彩带萦绕林间，朦朦胧胧，让人沉醉而惬意；下午的鲤鱼河碧波荡漾，穿城而过，城市高楼的剪影倒映其中，美不胜收；华灯初上，沿岸的夜景流光溢彩，在闪烁斑斓的灯光下，随着美妙的音乐声响起，兴华桥上的喷泉划过夜空，灿烂夺目，河道两旁林立的高楼和形态各异的绿化景观被斑斓的灯光装扮得缤纷多彩；夜晚的鲤鱼河更是风韵天成，粼粼波光悦动着城市灯光，悦动着城市风韵，把华坪的神采挥洒得淋漓尽致，撩人心魄。

鲤鱼河东侧静谧的河东水库，深情地守护着华坪。清晨云雾缭绕，中午风平浪静，偶有水中精灵翻出，掀起阵阵涟漪，美不胜收。

河东水库下游温润诱人的热水塘，潺潺的泉水经年流淌，水中富含的微量元素，是冬训及康养度假的绝佳资源。

水利工程“与水共生，依水发展”

鲤鱼河因盛产鲤鱼而得名，发源于田坪村蘑菇山，向南流经华坪县城，于荣将镇汇入新庄河，全长 28.9 千米；鲤鱼河位于华坪版图的最中央，与西面的轿顶山、东面的狮子山一起，形成了“两山夹一河，河在城中央”的布局。

景区依托鲤鱼河防洪工程、沿岸生态文化景观带等，形成了集城市水景、自然景观、人文风情、田园风光于一体的城市河湖型水利风景区。

自清朝咸丰年间建成第一座水利工程——朱家水坝以来，鲤鱼河至今已建设了 10 余座取水堤坝及 22.5 千米的防洪河堤。

随着县域社会经济的发展，华坪人民期许着鲤鱼河向既能防洪排水，又能担负景观文化、生态环境、调蓄利用等综合功能的转变。在持续治理和建设中，以“与水共生、依水发展”为理念，以“七彩鲤河”为主题，建成了全长 4.2 千米的河滨景观带。

如今的鲤鱼河畔，花红柳绿，草木青青，山水环绕，是一道康养宜居的亮丽风景。

文化资源彰显传统美德

鲤鱼河国家水利风景区文化资源丰富。

兴华广场上极具文化元素的大型浮雕文化背景墙，图文并茂，人物、山水刻画得栩栩如生，将华坪史上三大美德故事“华坪志士义救朱德”“肖天相拾金不昧”“张联兴募捐修桥”娓娓道来，在银白色的射灯照耀下，彰显着文化主题的内涵与气魄。

河滨花园法治文化广场内法治元素与文化元素融为一体，法治漫画、法治文化名人、法律小故事等传统与现代有机结合的宣传设施，展现了法治华坪的独特魅力。

位于鲤鱼河西侧仙人洞公园内的华坪人民革命起义纪念碑以及华坪县博物馆，集中展示了华坪革命前辈艰苦卓绝的斗争历程，是华坪爱国主义教育基地之一。

景区内民俗文化底蕴丰厚，每年定期举行傣族的泼水节、彝族的火把节、傈僳族的阔时节、杧果文化节等颇具民族特色的节庆活动。自 2008 年起已连续举办了 10 年的杧果文化节，已成为展示华坪杧果的窗口。

链接

云南省丽江鲤鱼河国家水利风景区所在的华坪县城交通十分便利。县城距省会昆明 360 千米，距丽江市古城区 215 千米，距四川省攀枝花市 60 千米，距成昆铁路格里坪火车站 54 千米，丽江、大理到攀枝花市的省级公路在荣将镇交会，是滇西连接四川和成昆铁路的重要通道。